블렌더로
만드는
3D 환경 디자인

Abdelilah Hamdani 저 ㅣ 최도원 역

YoungJin.com Y.
영진닷컴

블렌더로 만드는
3D 환경 디자인

ISBN 978-89-314-6984-4

독자님의 의견을 받습니다.
이 책을 구입한 독자님은 영진닷컴의 가장 중요한 비평가이자 조언가입니다. 저희 책의 장점과 문제점이 무엇인지, 어떤 책이 출판되기를 바라는지, 책을 더욱 알차게 꾸밀 수 있는 아이디어가 있으면 팩스나 이메일, 또는 우편으로 연락주시기 바랍니다. 의견을 주실 때에는 책 제목 및 독자님의 성함과 연락처(전화번호나 이메일)를 꼭 남겨 주시기 바랍니다. 독자님의 의견에 대해 바로 답변을 드리고, 또 독자님의 의견을 다음 책에 충분히 반영하도록 늘 노력하겠습니다.

이메일 support@youngjin.com
주 소 (우)08507 서울특별시 금천구 가산디지털1로 128 STX-V타워 4층 401호 (주)영진닷컴 기획1팀
등 록 2007. 4. 27. 제16-4189호
파본이나 잘못된 도서는 구입하신 곳에서 교환해 드립니다.

STAFF
저자 Abdelilah Hamdani | **역자** 최도원 | **총괄** 김태경 | **기획** 김용기 | **표지 · 내지 디자인** 강민정
영업 박준용, 임용수, 김도현, 이윤철 | **마케팅** 이승희, 김근주, 조민영, 김도연, 김민지, 김진희, 이현아
제작 황장협 | **인쇄** 예림

제게 성공할 수 있도록 기회를 주신 어머니와 아버지에게 감사
드립니다. 그리고 언제나 나의 눈을 뜨게 해주고 성공의 여정
으로 이끌어준 최고의 멘토인, MJ Demarco와 Jim Rohn에
게도 감사드리고 싶습니다.

_Abdelilah Hamdani

2019년에 저는 압델릴라 함다니(Abdelilah hamdani)의 "사실적인 외부 환경을 만드는 방법 배우기"라는 강좌를 찾았습니다. 제 인생을 바꾼 강의 중 하나였습니다. 그 당시 저는 블렌더에 대해 잘 몰랐으나 멋진 사진과 같은 장면을 만드는 데 필요한 것을 배웠습니다.

「블렌더로 만드는 3D 환경 디자인」을 통하면 2019년에 것보다 더 나은 경험을 할 수 있을 것입니다. 왜냐하면 이 책은 학습 과정을 더욱 발전시켜 장면을 사실적으로 만들기 위해 해야 할 일. 예를 들어 블렌더에서 장면을 실제 크기로 조정하고 사실적인 재질을 만드는 방법을 단계별로 보여주기 때문입니다.

이러한 주제들은 초보자와 전문 3D 예술가가 쉽게 간과하기 때문에 장면이 좋게 보이지 않은 이유를 깨닫기 어렵습니다.

또한 UV 맵핑 및 자연 환경(식물, 꽃, 바위)을 만드는 방법과 이를 분산 배치하는 방법에 대해 자세히 살펴봅니다. 지형, 사실적인 강, 절차적 재질 및 이를 적용하는 방법, 사실적인 조명 및 렌더링, 마지막으로 합성으로 마무리됩니다. 요약하면 완벽하고 아름다운 사실적인 장면을 만드는 데 필요한 모든 것입니다. 모든 것을 자세히 설명하고 가능할 때마다 일부 개념을 더 쉽게 이해할 수 있도록 현실의 예를 제시합니다.

「블렌더로 만드는 3D 환경 디자인」을 읽어 보시면 처음부터 끝까지 매우 잘 설명되어 있음을 알 수 있습니다. 장마다 연결되어 있으므로 혼동하지 않을 것입니다. 모두 끝까지 따라가기만 하면 더 뛰어난 예술가가 될 것입니다.

저는 2019년에 압델릴라 함다니의 과정을 처음 접한 것이 제 인생을 바꿨다고 말할 수 있습니다. 왜냐하면 현재 블렌더로 제품을 만들며 살고 있기 때문입니다. 이 책은 블렌더로 인생을 펼치는 데 도움이 되는 첫 번째 단계가 될 수도 있습니다.

카를로스 바레토
CEB 스튜디오 크리에이터

최근의 디지털 문화 콘텐츠 산업의 위치는 어느 산업들도 넘볼 수 없는 고유의 고부가가치와 더불어 국가의 문화 경쟁력 그 자체를 대표할 만큼 그 위상을 달리하고 있습니다. 게임과 영화, 만화, CG, 애니메이션을 통해 사람들에게 꿈과 환상을 심어주며 시대에 따라 끊임없이 문화를 창출하는 콘텐츠는 그야말로 마르지 않는 바다와 같습니다.

첨단기술의 발달과 지식의 보편화를 통해 콘텐츠 산업의 주역은 이제 기업만의 영역만이 아니게 되었습니다. 개개인의 노력과 상상력들이 충분하다면 강력한 하드웨어와 프로그램의 도움으로 고품질의 콘텐츠를 창출할 수 있는 시대에 접어들었다고 할 수 있습니다.

특히나 다양한 미디어 플랫폼의 등장과 함께 1인 미디어의 시대를 가속하고 있습니다. 이러한 흐름 속에서 블렌더 3D의 등장은 마치 오늘날 시대를 위해 태어난 것이 아닌가 할 정도로 적절한 프로그램이라고 할 수 있습니다.

과거 기업을 중심으로 독점되어오던 상용 프로그램은 소비자 개개인이 감당하기 어려운 비용과 창작의 제한을 가지고 있었습니다. 많은 창작자들의 오랜 열망을 통해 블렌더 3D는 오픈소스 3D 프로그램의 거성으로 떠올랐으며 디지털 콘텐츠 산업의 변화를 몰고 왔습니다.
현재 블렌더 3D는 그 뛰어난 기능과 유연성, 시시각각 바뀌는 산업의 흐름에 맞춰 진화하는 확장성으로 가치를 인정받고 있습니다. 또한 전 세계적으로 잘 연결된 커뮤니티들을 통해 누구나 손쉽게 배우고 응용할 수 있는 환경을 가지고 있습니다.

이 책에서 다루는 3D 환경 제작 내용은 누구나 쉽게 따라 하기 쉬운 과정들을 포함하고 있으며 블렌더의 우수한 기능들은 매우 뛰어난 품질의 결과를 만들어 줄 것입니다. 몇 가지 기능으로 손쉽게 거대한 산을 생성할 수 있고 마치 실사와 같은 자연물들과 재질을 따라 만들 수 있습니다. 또한 예시들뿐만 아니라 고품질 CG제작에 있어서 요구되는 가장 필수적인 기술 지식을 자연스럽게 이해하며 학습할 수 있을 것입니다.

블렌더를 통해 멋진 자연 환경을 만들어 보고자 하는 입문자들에게 이 책은 딱 알맞은 이정표라고 할 수 있습니다. 여러분들은 이 책의 모든 과정을 마친 후 몰라보게 성장된 자신을 보게 될 것입니다. 감사합니다.

3D 환경을 제작하는 것은 어느 때보다 대중화되었으며 모든 3D 디자이너가 숙달해야 하는 기술입니다. 프리랜서이거나 취미로 하는 분이든 상관없이 이 책은 여러분에게 도움이 될 것입니다.

이 책은 대부분의 3D 디자이너가 훌륭한 결과물을 얻는 것을 방해하는 실수를 알려주는 것부터 시작하여, 3D 작업 방식에 대한 훌륭한 통찰력을 제공합니다. 2만 5천 명 이상의 학생들을 가르치고 수백 명의 질문에 많은 답변을 해온 경험이 있는 저를 믿으셔도 좋습니다. 여러분들에게 최고의 가치를 제공하기 위해, 그러한 실수들과 그것을 어떻게 피하는지 책을 통해 보여 주는 것만큼 좋은 방법이 없을 것입니다. 그리하여 마지막 장까지 우리는 화려한 배경을 만드는 것에 대해 자세히 알아볼 것입니다.

이 책은 여러분이 여러 개의 환경을 만들고 포트폴리오를 채우며 고객과 회사를 끌어들일 충분한 지식과 영감을 제공할 것입니다.

이 책의 특별한 점은 연속적이라는 것으로 각 장은 여러분을 앞으로 나아가게 하며 최종 결과물에 이바지합니다. 우리는 필요한 것들을 배우고 모두 실제 작업에 적용할 것입니다.

각 장은 여러분들의 기술을 업그레이드하고 블렌더에서 사실적인 환경을 만드는 최종 결과를 달성하기 위해 앞으로 나아갈 것입니다.

· 이 책의 대상자

이 책은 3D 디자인 기술을 배우고 업그레이드하고자 하는 고급 3D 디자이너, 블렌더의 취미생들 중 3D 환경 디자인에 대한 이해를 빠르게 습득하고자 하는 사람들, 그리고 3D 기술을 업그레이드하고 포트폴리오를 채우며 3D 디자인 작업을 요구하는 고객과 기업의 관심을 끌고자 하는 프리랜서들을 대상으로 합니다.

· 이 책의 내용들

1장 사실적인 표현을 방해하는 일반적인 모델링 실수들에서는 3D 모델링과 규모 일치화 과정에서의 디자이너들의 모든 실수를 다루며, 실제 통나무집을 참고하여 이러한 문제를 해결하고 극복하는 방법을 소개합니다.

2장 사실적인 텍스처링 기초에서는 사실적 표현을 달성하기 위해 다양한 텍스처 맵을 사용하는 중요성을 강조하며, 절차적 텍스처링을 사용하여 목재 재질을 처음부터 만드는 방법을 배웁니다.

3장 효과적인 UV펴기와 텍스처링에서는 통나무집의 언랩핑 및 텍스처링 프로세스를 거쳐 블렌더에서 재질을 적용하는 방법을 설명합니다. 이 과정에서, 재질을 하나의 장면에서 다른 장면으로 가져오는 방법부터 시작하여, UV 맵핑이 작동하는 방법을 이해하고, Displace Modifier를 사용하여 목재 지오메트리에 무작위 세부 사항을 추가하는 방법 등을 배웁니다.

4장 사실적인 자연 식물 제작하기에서는 Proportional Editing 도구를 통해 땅에 멋진 언덕을 추가하여 통나무집 아랫부분을 제작하는 것을 포함합니다. 그런 다음, 다양한 종류의 식물과 잎을 만드는 과정을 다루며, 입자 시스템 도구를 사용하여 표면에 객체들을 무작위로 배치하고 식물과 잎들을 땅 전체에 뿌리는 방법을 배우게 될 것입니다.

5장 사실적인 환경 조명 구현하기에서는 통나무집 장면을 밝게 해줄 3가지 방법을 설명합니다. 우리가 사용하는 통나무집 참조자료와 일치하는 조명을 얻을 것입니다.

6장 사실적인 지형 만들기에서는 현실적인 눈과 바위산을 만드는 방법에 대해 안내합니다. A.N.T. 애드온을 설치하고, 다양한 지형을 만드는 방법, 설정을 조정하고 모양을 바꾸어 가능한 한 현실적으로 보이도록 만드는 방법을 배우게 됩니다.

7장 사실적이고 자연스러운 물 제작 및 애니메이션에서는 사실적인 물 쉐이더를 생성하는 단계를 다룰 것입니다. Glass BSDF와 Transparency BSDF 노드를 혼합 방법을 배웁니다. 멋진 반사 및 굴절 표면을 만듭니다. 혼합하여 멋진 반사 및 굴절 표면을 만드는 방법을 배웁니다. 그런 다음 타임라인 편집기에 키 Frame을 삽입하여 수면에 파도 애니메이션을 적용하는 방법을 배웁니다.

8장 절차적 진흙 재질 만들기에서는 블렌더의 믿을 수 없을 정도로 강력한 노드 편집기의 무한한 가능성을 활용할 것입니다. 물웅덩이, 돌, 진흙 등 다양한 세부 사항 층들을 결합하여 진흙 재질을 만드는 방법을 배웁니다.

9장 진흙 재질로 지형 텍스처링하기에서는 진흙 재질과 다른 다양한 재질을 혼합하는 방법을 배우게 됩니다. 이 경우에는 바위 같은 눈과 진흙입니다. 또한 여러분들은 그룹을 사용하여 노드 설정을 최적화하고 구성하는 방법을 배웁니다.

10장 바위 제작하기에서는 사실적인 바위 재질을 만드는 방법을 알려줍니다. 이 바위는 지형에 사실적이고 자연스러운 느낌을 주기에 완벽합니다.

11장 사실적인 꽃 만들기에서는 실제 참조를 기반으로 지형 유기적으로 보이는 꽃을 만드는 방법을 설명합니다.

12장 Particle System을 사용한 객체 분산에서는 입자를 사용하는 방법에 관해 설명합니다. 블렌더에서 Particle System 도구를 사용하여 환경 전체에 꽃과 바위를 흩뿌리는 방법을 설명합니다. 블렌더의 Particle System을 이해하고 선택한 특정 영역에 입자를 추가하고 배치하는 방법과 입자 수를 제어하면서 입자의 크기와 회전을 변경하는 방법을 이해하게 됩니다.

13장 지형 장면 마무리하기 – 조명, 렌더링 및 합성에서는 우리의 멋진 지형 장면을 렌더링하기 위해 카메라를 맞추는 방법을 통해 책의 모든 과정을 요약합니다. 그 다음으로 최종 렌더링을 돋보이게 만드는 몇 가지 합성 요령을 배웁니다.

• 이 책을 최대한 활용하려면

블렌더는 무료 소프트웨어입니다.

이 책 전체에서의 몇 가지 기술을 사용하려면 적절한 사양이 요구됩니다.
i5 8세대, 16GB RAM, GTX 1060 이상이면 충분합니다.

사용되는 소프트웨어/하드웨어	요구되는 운영 체계
블렌더 3.3 이상	Windows, macOS, Linux
fSpy	Windows

블렌더를 설치하고 시작해 봅시다!

예제 파일 링크를 직접 입력하거나 책의 GitHub 리포지토리에서 코드에 액세스할 수 있습니다(링크는 다음 부문에서 확인 가능).
이렇게 하면 코드 복사 및 붙여넣기와 관련된 잠재적인 오류를 방지하는 데 도움이 됩니다.

• 예제 파일 받기

GitHub(https://github.com/PacktPublishing/3D-Environment-Design-with-Blender)에서 이 책의 예제 자료 파일을 받을 수 있습니다. 자료에 대한 업데이트가 있으면 GitHub 저장소에서 업데이트됩니다.

영진닷컴 자료실(https://youngjin.com/reader/pds/pds.asp (영진닷컴 〉 고객센터 〉 부록 CD 다운로드))도 다운로드가 가능합니다.

또한 https://github.com/PacktPublishing/에서 사용할 수 있는 풍부한 책 및 비디오 카탈로그의 다른 코드 번들이 있습니다.

· 그림 내려받기

이 책에 사용된 그림들이 포함된 PDF 파일을 제공합니다.
https://packt.link/KOKhm에서 다운로드할 수 있습니다.

· 사용된 규칙

이 책 전체에서 사용되는 많은 텍스트 규칙이 있습니다.

굵게 새로운 용어, 중요한 단어 또는 화면에 표시되는 단어를 나타냅니다. 예를 들어 메뉴나 대화 상자의 단어는 굵게 표시됩니다. 예를 들면 다음과 같습니다. "또한 효과를 더 명확하게 보려면 **Base Color** 맵의 색상을 검은색으로 변경해야 합니다."

> **팁 또는 중요 참고 사항**
> 이렇게 보여집니다
>
> Principled BSDF
> Principled BSDF는 기본적으로 블렌더에서 얻는 노드로 여기에는 값을 조정하는 것만으로 다양한 재질을 만들 수 있는 여러 속성이 포함되어 있습니다.

목차

1부 · 실제 참조 자료를 사실적인 3D 장면으로 바꾸기

1장 사실적인 표현을 방해하는 일반적인 모델링 실수들 15

2장 사실적인 텍스처링 기초 32

3장 효과적인 UV펴기와 텍스처링 56

4장 사실적인 자연 식물 제작하기 74

5장 사실적인 환경 조명 구현하기 98

2부 · 사실적인 지형 만들기

6장 사실적인 지형 만들기 123

7장 사실적이고 자연스러운 물 제작 및 애니메이션 143

8장 절차적 진흙 재질 만들기 159

9장 진흙 재질로 지형 텍스처링하기 182

3부 · 자연물 제작하기

10장 바위 제작하기 203

11장 사실적인 꽃 만들기 222

4부 · 멋진 지형 장면 렌더링하기

12장 Particle System을 사용한 객체 분산 247

13장 지형 장면 마무리하기 – 조명, 렌더링 및 합성 267

찾아보기 286

1부

실제 참조 자료를 사실적인 3D 장면으로 바꾸기

배경 프로젝트를 시작하기 전에 알아야 할 요령과 도구들이 있습니다.

먼저, 3D 디자이너들이 사실적인 표현을 달성하는데 방해가 되는 일반적인 모델링 실수를 알아두는 것이 좋습니다. 그 다음으로, 사실적인 질감 설정과 좋은 UV맵핑, 그리고 조명의 기본을 배우게 될 것입니다. 그러고 나서 우리는 배운 모든 것을 통해 실제 통나무집을 참조하여 블렌더에서 사실적인 3D 장면으로 만드는 데에 활용할 것입니다.

1부에서는 다음과 같은 내용들을 포함합니다.

- (1장) 사실적인 표현을 방해하는 일반적인 모델링 실수들
- (2장) 사실적인 텍스처링 기초
- (3장) 효과적인 UV펴기와 텍스처링
- (4장) 사실적인 자연 식물 제작하기
- (5장) 사실적인 환경 조명 구현하기

1장

사실적인 표현을 방해하는
모델링 실수들

:

블렌더에서 사실적인 장면을 만들어 본 적이 있나요? 사실감 있는 그림을 만드는 데 도움이 되는 단계별 과정을 찾고 있나요? 여러분 스스로 올바른 설정을 찾는 데 어려움이 있나요? 그렇다면, 이제 여러분들은 혼자가 아닙니다.

1장에서는 대부분의 3D 디자이너가 사실적인 표현을 달성하는데 있어서 겪는 세 가지 모델링 실수를 설명하겠습니다.

모델링은 다음 단계인 텍스처, UV 맵핑, 조명, 합성 및 렌더링 표현의 기반이 되기 때문에 기반을 잘못 세우면 모든 노력이 헛수고가 됩니다. 그래서 1장의 목표는 여러분들이 올바른 모델링 기반을 세우는 데 도움을 줄 것입니다.

첫 번째 실수는 모델링하는 객체의 크기를 보이는 대로 추정하는 것입니다. 사실감을 달성하는 데 있어서 올바른 크기를 측정하는 것은 매우 중요합니다. 그래서 우리는 블렌더 단위 체계와 모델링하기 전에 객체의 적절한 현실 측정값을 얻기 위한 연구 방법에 관해 이야기할 것입니다.

두 번째 실수는 크기의 일치와 관련이 있습니다. 대부분의 디자이너는 크기를 일치시키지 않고 실제 참조를 기반으로 3D 장면을 만듭니다. 이는 실제 사진작가가 사용한 카메라 설정(위치, 회전, 초점 거리 등)을 얻는 것이 매우 어렵기 때문에 결과물이 참조 그림과 일치하지 않는 문제를 초래합니다. 이 문제를 해결하기 위해 우리는 실제 사진을 촬영할 때 사진작가가 사용한 카메라 설정(초점 거리, 카메라 위치 및 회전)을 모방할 수 있는 fSpy라는 도구를 사용하는 방법을 배우게 됩니다. fSpy 인터페이스가 어떻게 작동하는지, 어떻게 사용하는지, fSpy Add-on을 블렌더에 설치하고 fSpy 프로젝트 파일을 가져오는 방법을 살펴볼 것입니다.

세 번째 실수는 **Bevel Modifier**를 사용하지 않고 모델링하는 것입니다. 이 장을 마치면 모델링 시 **Bevel Modifier**를 사용하는 것의 중요성과 사실적인 표현을 달성하는 데 수행하는 역할을 이해하게 됩니다. 또한, 다양한 **Bevel** 설정이 블렌더에서 작동하는 방식을 이해하게 됩니다.

이 장에서 배우는 주제를 요약하면 다음과 같습니다.

- 현실 척도 사용의 중요성.
- fSpy 프로그램을 사용한 크기 일치시키는 법 학습하기.
- 모델링 시 Bevel Modifier 사용의 중요성.

| 기술 요구 사항

이 장은 블렌더 버전 3.0 이상을 실행할 수 있는 Mac 또는 PC가 필요합니다. GitHub에서 이 장의 리소스를 다운로드할 수 있습니다.

https://github.com/PacktPublishing/3D-Environment-Design-with-Blender/tree/main/chapter-1

| 현실 척도 사용의 중요성

블렌더에서 복잡한 장면을 모델링하려 할 때 올바른 측정을 하지 않고 객체의 크기를 대략 추정하기가 쉽습니다. 이러면 이후에 사실적이고 시각적으로 만족스러운 결과를 얻기 어렵게 만드는 다양한 문제가 발생할 수 있습니다.

"저는 이 창문이 얼마나 큰지 압니다. 이 정도 크기입니다."하는 것처럼 우리는 눈으로 보는 것을 정확하다고 착각하게 됩니다. 하지만 우리는 주의를 기울이는 것에는 많은 관심을 두지만 중요하지 않다고 생각하는 부분은 쉽게 간과하기 때문에 실제 측정을 추정하기가 어렵습니다.

정확한 측정이 이뤄지지 않으면 결과물에 영향을 미칩니다. 장면이 이상하게 보이게 되지만 무엇이 잘못됐는지 그 이유를 모르게 됩니다. 여러분들은 재질과 조명에 손을 대보려 하지만, 곧 기초가 잘못되었다는 것을 깨닫게 될 것입니다. 그래서 모델링 기초를 올바르게 설정하는 것이 중요합니다.

그러므로 그 문제를 해결하는 방법은 항상 실제 세계의 척도를 사용하는 것입니다.

여러분이 통나무집을 디자인하고 있다고 가정해 봅시다. 가장 먼저 해야 할 일은 Google에서 "통나무집의 높이는 어느 정도인가요?(What is the height of a log cabin?)"라고 검색해 보는 것입니다.

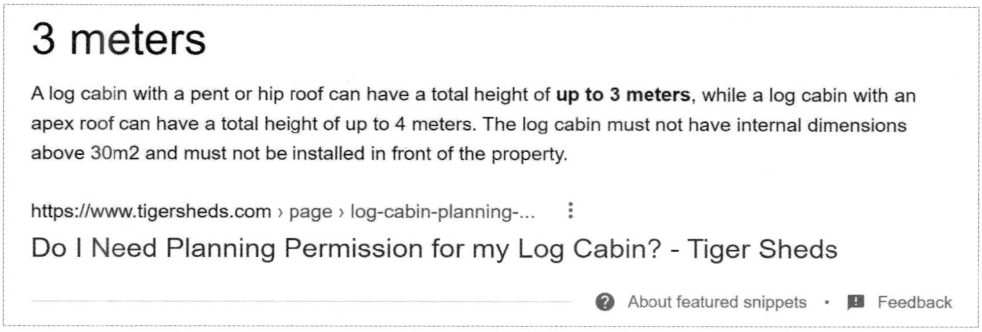

3 meters
A log cabin with a pent or hip roof can have a total height of **up to 3 meters**, while a log cabin with an apex roof can have a total height of up to 4 meters. The log cabin must not have internal dimensions above 30m2 and must not be installed in front of the property.
https://www.tigersheds.com › page › log-cabin-planning-...
Do I Need Planning Permission for my Log Cabin? - Tiger Sheds
About featured snippets
Feedback

그림 1.1 - 구글에서 통나무집 높이 검색

이제 우리는 통나무집의 높이는 3미터를 초과해서는 안 된다는 것을 이해했습니다. 따라서 2미터에서 3미터가 합리적인 높이라고 할 수 있습니다. 지붕 꼭대기가 포함되면, 1미터가 더해집니다.

통나무집의 안 둘레치수는 $30m^2$을 초과해서는 안 되므로, 5m 너비와 6m 길이의 크기를 가질 수 있습니다(5m × 6m = $30m^2$).

다음으로, 우리는 블렌더의 길이 단위를 확인할 것입니다.

1 Scene Properties로 갑니다.

2 Units 탭을 클릭합니다.

3 여러분한테 맞는 Unit System을 선택합니다.

Metric 미터식
Imperial 피트식
Units
Unit System
Metric
Imperial
Unit Scale
1.000000
Separate Units
Rotation
Degrees
Length
Meters
Feet
Mass
Kilograms
Pounds
Time
Seconds
Temperature
Kelvin

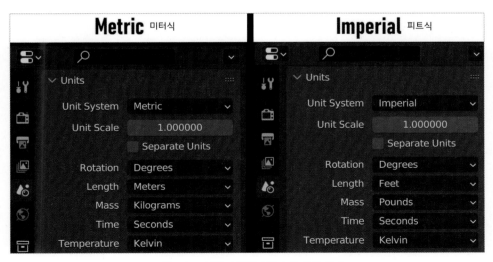

그림 1.2 - 블렌더 장면에서 속성 단위 체계

Metric(미터법)을 선택하면 길이를 미터 단위로, 질량을 킬로그램 단위로 측정합니다. Imperial(피트식)은 길이를 피트로, 질량을 파운드로 측정합니다. 이것이 블렌더에서 실제 측정을 설정하는 방법입니다.

실제 크기를 사용하면 좋은 점은 블렌더에서 물리 시뮬레이션이 작동하는 방식 때문입니다. 중력, 강체 및 질량과 같은 블렌더의 물리학이 제대로 작동하기 위해 실제 측정에 의존합니다. 이를 이해하기 위해 예시로 구를 만들어 들어보겠습니다. 기본적으로 구의 지름은 2미터입니다.

다음으로 Physics Properties로 이동하여 Rigid Body를 클릭하고 구가 선택되었는지 확인합니다. Settings 탭에서 질량이 기본적으로 1kg으로 설정된 것을 볼 수 있습니다. 즉, 방금 만든 지름 2m 구의 무게는 1kg입니다.

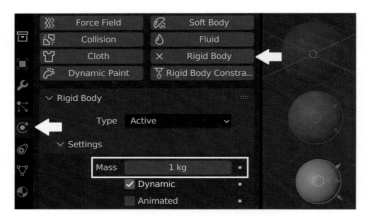

그림 1.3 – 블렌더 물리학 속성들

이제 [Space Bar]를 누르면 물리 시뮬레이션이 시작됩니다. 우리의 구는 중력 때문에 아래로 떨어지는 것을 볼 수 있습니다. 구의 크기를 약 0.2미터로 변경하고 무게를 4.5kg으로 지정하면 구가 볼링공과 같이 작동합니다. 마찬가지로 구의 지름을 5cm, 무게를 170g으로 축소하면 공이 당구공처럼 작동합니다.

결론은 항상 실제 크기를 사용해야 한다는 것입니다. 이것은 현실과 일치하는 사실적인 결과를 얻는 데 중요한 조건입니다.

이제 모델링할 때 실제 크기 측정을 사용하는 것의 중요성을 알았으니 모델의 크기를 일치시키는 방법에 대해 알아보겠습니다. 이것은 우리가 참조 그림에서 정확한 카메라 설정을 얻을 수 있게 해주는 멋진 방법으로 블렌더에서 장면을 쉽게 만들 수 있습니다.

fSpy를 이용하여 크기 일치시키는 방법 학습하기

다음으로 크기를 일치시키는 법에 대해 알아보겠습니다. 과정을 이해하기 위해 3D 장면으로 모방하려는 실제 참조 자료가 있다고 가정해 보겠습니다. 이를 카메라 배경으로 불러와 모델링을 시작할 수 있지만 촬영한 카메라의 위치, 회전 및 초점 거리와 일치시키는 데 큰 문제에 직면하게 됩니다.

다음 예시와 같이 통나무집 참조 자료와 모델을 일치시키는 데 어려움이 있음을 알 수 있습니다.

그림 1.4 - 참조 자료와 일치하지 않는 통나무집 모델

우리의 목표는 모델링된 Cube를 통나무집 참조 그림 위에 정확하게 배치하는 것입니다(빨간색 선은 녹색 선 위에 있어야 합니다). 제대로 카메라와 일치하기 위해서는 선들이 서로 일치해야 합니다. 눈으로만 확인하는 것은 정확하지 않으므로 올바른 방법으로 수행해야 합니다.

다행히도 우리는 참조 그림에서 카메라 매개 변수를 추정하고 블렌더로 가져올 수 있는 무료 오픈 소스 소프트웨어 프로그램인 fSpy를 가지고 있습니다. 작동 방식은 다음과 같습니다. 카메라 설정을 일치시키려는 참조 그림을 가져오고 vanishing points(소실점) 수를 선택합니다. fSpy 프로그램의 왼쪽 위 패널에서 이 기능을 찾을 수 있습니다.

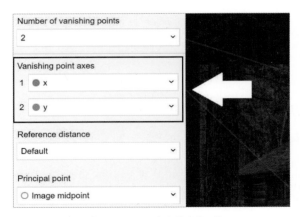

그림 1.5 - fSpy의 소실점 축 메뉴

기본적으로 소실점의 수는 사용 중인 참조 유형에 따라 다릅니다.

- **소실점 1개:** 그림에서 모든 선이 한 점으로 만난다는 것을 의미합니다. 그림 1.6에서 평행선을 따라가면 한 지점에서 만나게 됩니다.

그림 1.6 - 한 개의 소실점 참조 예시

- **소실점 2개:** 그림에서 두 종류의 평행선이 있는 경우 두 개의 소실점을 사용할 수 있습니다. 그 선들은 멀리 있는 특정 지점에서 만날 것입니다. 예시를 들자면 다음과 같습니다.

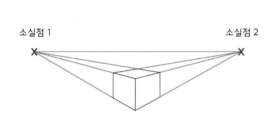

그림 1.7 - 두 개의 소실점 참조 예시

카메라 매개변수로는 카메라의 focal length(초점 거리), rotation(회전) 및 position(위치)이 있습니다.

우리의 경우 두 개의 소실점이 있는 통나무집 예시를 사용할 것입니다. 통나무집의 전면과 측면 모두에 있는 통나무 방향을 따라가면 이를 알 수 있습니다.

다음 GitHub에서 참조 그림을 받을 수 있습니다.

`https://github.com/PacktPublishing/3D-Environment-Design-with-Blender/blob/main/Wood%20Cabin%20Reference.jpeg`

그림 1.8 – 통나무집 참조 그림

좋습니다. 이제 fSpy를 사용해보도록 합니다.

fSpy 받기

먼저 fSpy를 받습니다. Google에서 fSpy를 검색하거나 웹사이트 링크 `https://www.fspy.io`로 직접 들어가도 됩니다.

웹 페이지에서 다음을 수행합니다.

1 녹색 **Download** 버튼을 클릭합니다. GitHub 사이트로 바로 연결됩니다.

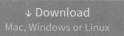

↓ Download
Mac, Windows or Linux

fSpy is open source software and **totally free to download and use**. But just in case you think it makes sense to pay for fSpy, here's a donate button! Pay as much or as little as you want.

그림 1.9 – fSpy 다운로드 버튼

2 **Assets**에서 fSpy-1.0.3-ia32-win.zip 파일을 내려받습니다. 이 파일 용량은 47.2MB입니다. 압축을 풀고 fSpy 아이콘을 두 번 클릭합니다.

3 프로그램 인터페이스 내 상단 표시줄에서 **File → Open Image**를 클릭합니다.

4 그림 1.8에 표시된 참조 그림을 선택합니다.

올바르게 수행하면 다음과 같은 결과를 얻을 수 있습니다.

그림 1.10 - fSpy에 불러온 통나무집 참조 그림

fSpy를 받은 후 참조 그림을 넣고 x, z축을 참조 선과 일치하도록 설정합니다. 이제 fSpy 인터페이스와 최상의 결과를 얻기 위해 조작하는 방법을 이해할 시간입니다.

fSpy 도구 분석

fSpy 도구를 사용하여 작업해 보겠습니다.

1 두 개의 소실점을 사용하고 있는지 확인합니다. 왼쪽 위 패널에서 이 기능을 찾을 수 있습니다 (그림 1.5 참조).

2 그림 참조를 명확하게 한 다음 왼쪽 아래에 있는 **Dim image**를 선택 해제합니다.

3 왼쪽 패널에서 y축을 z축으로 전환하여 참조 그림의 수직선을 얻습니다.

4 참조 그림에서 잘 보이는 나무의 선에 x축과 z축을 정렬해줍니다.

지금의 경우 나무의 선과 지붕을 참조하기 좋습니다. 선택한 선이 서로 멀리 떨어져 있는지 확인합니다. 이렇게 하면 fSpy가 장면을 훨씬 더 잘 바로잡을 수 있습니다.

최종 결과는 다음과 같아야 합니다.

그림 1.11 – 참조 선과 정렬된 fSpy 소실점 축

때때로 fSpy에서 생성된 초점 거리가 정확하지 않을 수 있으므로 약간 수동으로 조정해야 하지만 어렵지 않습니다.

초점 거리 조정

초점 거리를 조정하려면 다음 단계를 수행합니다.

1 왼쪽 패널에서 **Principal point**를 기본 설정인 **Image midpoint**에서 Manual로 변경합니다. 그러면 참조 그림 중간에 노란색 점이 나타납니다.

2 그 점을 조금 끌어다 움직이면 카메라의 초점 거리가 바뀝니다. 오른쪽 패널의 **Field of view** 탭 아래에서 **Horizontal** 값 옆에 다음이 표시됩니다.

그림 1.12 - fSpy에서 초점 거리 변경하기

이제 이 프로젝트를 저장하겠습니다. File로 이동한 다음 Save As를 클릭하여 fSpy 파일을 바탕 화면에 저장합니다.

fSpy 파일 내보내기

이제 이 fSpy 파일을 블렌더로 내보내기 위해서는 이를 가능하게 하는 Addon을 설치해야 합니다.

다음 GitHub 링크에서 다운로드할 수 있습니다.
https://github.com/PacktPublishing/3D-Environment-Design-with-Blender/blob/main/chapter-1/fSpy-Blender-Addon.zip

fSpy-Blender-Addon.zip 파일을 다운로드한 후에는 이 파일의 압축을 풀지 않도록 합니다.

Addon.zip 파일을 받아 블렌더에서 설치할 수 있습니다. 블렌더 인터페이스에서 Edit → Preference를 클릭하고 왼쪽 중간에 있는 add-ons 탭을 클릭한 다음 오른쪽 위에서 install Add-on을 클릭하여 fSpy-Blender-Addon.zip 파일을 선택합니다. 그러면 아래에 애드온 모듈이 설치되었다는 메시지가 표시됩니다. 또한, fSpy Import-Export: Import fSpy project Addon 체크 박스가 활성화되었는지를 확인합니다.

그림 1.13 – 블렌더에 fSpy Add-on 설치하기

이제 fSpy 파일을 블렌더로 가져오겠습니다. File → Import로 이동하면 fSpy 파일을 블렌더로 가져올 수 있음을 알 수 있습니다. Import를 클릭하고 이전에 생성한 fSpy 파일을 선택하면 다음과 같은 화면이 표시됩니다.

그림 1.14 – 통나무집 fSpy파일을 블렌더로 가져오기

이것이 fSpy 사용의 장점입니다. 이제 이 사진을 찍은 사진작가와 일치하는 카메라 설정을 얻게 되었습니다. 카메라 초점 거리, 위치 및 회전이 복제되었습니다. 이제부터 장면 제작을 시작할 수 있습니다.

장면(scene) 구성하기

먼저 숫자 키패드의 0을 눌러 카메라 시점에서 벗어나도록 합니다.

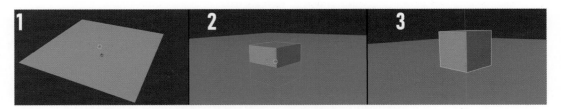

그림 1.15 – 통나무집 장면 제작을 위한 첫 3단계

먼저 Plane(1)을 만들고 간단한 Cube(2)를 추가하여 그리드 위에 두도록 합니다. 참조 그림
의 통나무집 모서리 위치에 Cube를 배치합니다.

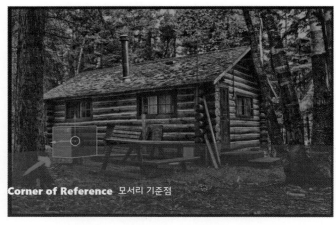

그림 1.16 – 참조 그림 모서리에 Cube를 배치

참조하는 통나무집의 모서리에 Cube를 배치하면 올바른 시작을 할 수 있습니다. 그렇지 않으
면 초기 Cube를 어디에 두어야 할지 모를 것입니다. 또 다른 참고 사항은 X축과 Y축을 따라
서만 Cube를 이동시켜야 한다는 점입니다. 바닥에 위치하도록 합니다.

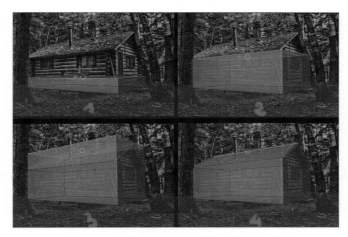

그림 1.17 – 블렌더에서 통나무집을 모델링하는 4단계

다음과 같은 과정을 통해 참조 그림에 있는 통나무집의 기본 모양 제작을 진행할 수 있습니다.

1 Cube를 선택하고 편집 모드로 들어갑니다(Tab을 눌러 편집 모드와 객체 모드 간 전환).

2 편집 모드에서 윗면을 선택하고 통나무집 지붕 아래까지 덮습니다. 또한, 뒷면을 통나무집 참조 그림 후면과 정렬시킵니다.

3 윗면을 선택하고 지붕의 시작 부분에 도달할 때까지 위로 이동합니다.

4 그 지점에서 E를 눌러 **Extrude** 기능으로 지붕의 꼭대기에 도달할 때까지 위로 밀어냅니다.

5 Y축에서 크기를 축소하여 A 모양의 지붕을 만들 수 있습니다.

보이는 것처럼 이제 참조 그림과 완벽하게 일치합니다.

그림 1.18 – 모델링된 통나무집의 결과물

또한, 이전에 설정한 척도 값을 사용하고 있는지 확인합니다. 카메라 각도를 왜곡하지 않기 위해 카메라를 포함하여 모든 것을 한꺼번에 확대해야 합니다.

블렌더의 카메라 설정은 이제 참조 그림을 찍는 데 사용되었던 카메라 설정과 완벽하게 일치합니다. 둘 다 같은 초점 거리와 회전을 가졌으며 이것은 사실적인 결과를 얻기 위한 시작입니다.

다음으로 다뤄볼 내용은 대부분의 3D 디자이너가 사실적인 결과물을 구현하는 데 방해가 되는 치명적인 실수 중 하나인 Bevel Modifier 사용의 중요성입니다.

| 모델링 시 Bevel Modifier 사용의 중요성

대부분의 3D 디자이너가 사실적인 결과물을 제작하는데 어렵게 만드는 치명적인 실수 중 하나가 Bevel Modifier를 사용하지 않고 모델링하는 것입니다. 이유를 알아보기 위해 블렌더에서 간단한 예를 살펴보겠습니다.

> Bevel Modifier
>
> **Bevel Modifier**는 적용된 Mesh의 가장자리를 경사지게 하는 기능을 제공합니다. 기본적으로 Mesh의 모서리에 선을 추가합니다(그림 1.17 참조). 간단한 단계처럼 보일 수 있지만 **Bevel Modifier**가 사실적인 결과물을 달성하는 데 미치는 효과는 엄청납니다. 이것에 대해서는 나중에 살펴보겠습니다.

예를 들어 Bevel Modifier가 적용된 Cube(빨간색 Cube)와 Bevel이 적용되지 않은 Cube(파란색 Cube)의 두 Cube를 사용하겠습니다. 빨간색 Cube에 경사를 적용하려면 다음 단계를 수행합니다.

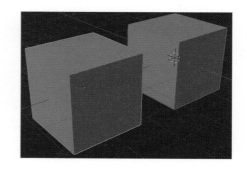

그림 1.19 - 두 개의 Cube 생성하기

1 렌치 아이콘(Modifier Properties)로 이
  동하여 Add Modifier를 선택하고 Bevel
  을 선택합니다.

2 Amount(값)를 0.02m로 설정합니다. 이
  옵션은 Cube 객체의 모서리 크기를 나타
  냅니다. 기본적으로 하나의 모서리 모서리
  는 두 개의 모서리로 나뉘며 두 모서리 사
  이의 거리가 Bevel이 되는 양입니다.

3 Segment(단계)를 3으로 설정합니다. 이는
  Bevel 내부에 있을 면의 수를 나타냅니다.

4 Bevel이 적용된 Cube를 선택한 다음 마
  우스 오른쪽 버튼을 클릭하고 Shade
  Smooth를 선택합니다.

그림 1.20 – Bevel Modifier 설정

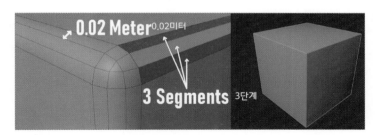

그림 1.21 – Segment와 Amount, Smooth Bevel 설정이 된 Cube 예시

파란색 Cube는 Bevel이 적용되지 않는 기본 상태로 유지합니다.
장면에 광원을 추가하면 두 Cube 사이에 큰 차이가 있음을 알 수 있습니다.

그림 1.22 – Bevel이 적용된 Cube와 미적용된 Cube의 최종 결과

Bevel 적용된 빨간색 Cube는 모서리에 빛을 반사하여 더욱 사실적으로 보입니다. 반면 파란색 Cube는 가짜처럼 보입니다. 가장자리가 100% 날카롭고 비현실적입니다.

일반적으로 블렌더와 같은 3D 소프트웨어 프로그램은 기본적으로 모든 것을 날카로운 모서리로 만듭니다. 예를 들어 정육면체를 만들 때 실제로 존재하지 않는 날카로운 90도 모서리가 있습니다.

자연에서는 모서리가 완전히 날카로운 물체를 절대 찾을 수 없습니다. 날카로운 칼을 확대해도(가장자리에 가깝게 확대) 일종의 Bevel을 발견할 수 있습니다.

필자는 "불완전함이 *CGI를 완벽하게 만든다"라는 말을 들은 적이 있습니다. 사물을 사실적으로 만들기 위해서는 CGI로 만들어진 완벽함을 깨뜨려야 하며, 사실적인 모델링을 위한 첫 번째 단계 중 하나는 항상 Bevel Modifier를 적용하는 것입니다.

이제 이전에 설정한 측정값과 fSpy의 도움으로 올바른 크기를 설정할 수 있습니다.

| 요약

이번 장에서는 세 가지 모델링 실수와 이를 수정하는 방법을 살펴보았습니다. 규모 일치화를 시작으로 모델링할 때 보이는 대로 짐작하는 것이 왜 나쁜 습관인지, 블렌더 단위 시스템이 어떻게 작동하는지, 그리고 모델링하기 전에 객체의 올바른 크기를 설정하는 방법에 대해서 이야기했습니다.

다음으로 오픈 소스 fSpy를 설치 및 설정하여 실제 통나무집을 참조하고 동일한 크기로 일치시키는 데 도움을 주었습니다. 그런 다음 fSpy Add-on을 설치하여 fSpy 파일을 블렌더로 가져오는 방법을 배웠고 실제 그림을 참조하여 유사한 기본 장면을 제작했습니다.

마지막으로 Bevel Modifier 사용의 중요성과 이것이 사실적인 결과를 달성하는 데 중요한 이유에 대해 논의했습니다.

• 역주. Computer Generated Image 약자로 컴퓨터로 제작된 모든 이미지를 의미합니다.

다음 장에서는 사실주의를 위한 두 번째 영역으로 PBR(Physical Based Rendering) 재질 생성에 대해 다룰 것입니다. PBR 재질의 구성 요소를 분석하고 각 텍스처 채널의 역할과 작동 방식을 이해합니다. 마지막으로 절차적 텍스처링을 통해 블렌더에서 사실적인 목재 재질의 예시를 만들 것입니다.

2장

사실적인
텍스처링 기초

:

재질은 사실주의의 핵심 그 자체라고 할 수 있습니다. 장면 하나를 만드는데 시간이 10시간만 주어진다면 재질에 최소 5~6시간을 투자해야 한다고 말하고 싶습니다. 재질은 모든 작업의 50% 이상 차지한다라고 할 수 있을 만큼 중요합니다.

우리는 일부 모델링 실수는 피할 수 있습니다. 크기가 90% 달라질 수도 있지만 우리는 그것도 만회할 수 있습니다. 그러나 재질의 경우 음영 및 텍스처가 실제 재질과 일치하지 않으면 여러 분의 장면이 가짜처럼 보이게 될 것입니다. 빛이 물체에 닿는 방식들이 있는데 물체가 나무 조 각인 경우나 금속 막대일 때 빛과 작용하는 방식이 다르게 동작합니다.

이 장에서는 사실주의를 달성하기 위해 모든 텍스처링 채널을 사용하는 것의 중요성을 강조 할 것입니다. 사실적인 재질의 예를 보여주고 **Base Color**(기본 색상), **Roughness**(거칠기), **Normal**(노멀, 법선) 및 **Displacement**(변위)와 같은 구성 요소로 분류합니다. 이러한 여러 맵과 블렌더 내에서 작동하는 방식을 이해하게 됩니다.

이 장에서는 다음 주제를 다룹니다.

- 사실적인 텍스처링을 구현하기 위한 구성 요소 탐색. Base color, Roughness, Normal, Displacement.
- 블렌더에서 절차적 텍스처링을 사용하여 사실적인 목재 재질 생성

┃ 기술 요구 사항

이 장은 블렌더 버전 3.0 이상을 실행할 수 있는 Mac 또는 PC가 필요합니다. GitHub에서 이 장의 리소스를 다운로드할 수 있습니다.

https://github.com/PacktPublishing/3D-Environment-Design-with-Blender/
tree/main/chapter-2

┃ 블렌더에서 사실적인 텍스처링 구현을 위한 구성 요소 탐색

블렌더에서 텍스처링을 시작할 때 여러분 중 대부분은 간단한 방법으로 작업을 수행합니다. 그림 텍스처를 검색하여, 간단한 재질을 만들어, Shader Editor로 이동하고 이를 Principled BSDF 아래의 Base Color를 할당하기만 하면 됩니다.

Principled BSDF
Principled BSDF는 기본적으로 블렌더에서 얻는 노드로 여기에는 값을 조정하는 것만으로 다양한 재질을 만들 수 있는 여러 속성이 포함되어 있습니다.

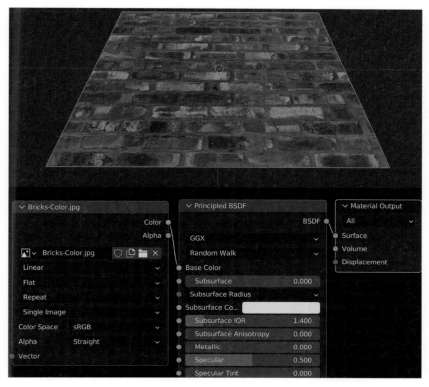

그림 2.1 - 블렌더에서 벽돌 그림 텍스처를 Plane에 할당

하지만 이 방법은 재질을 다루는 잘못된 방법이므로 여러분들은 그렇게 하지 마시기 바랍니다. 이 간단한 텍스처링 방법은 더 사실적으로 보이는 다른 방식의 벽돌과 비교하면 평평하고 밋밋해 보입니다. 다음 그림에서 차이점을 볼 수 있습니다.

처음 시작했을 때 필자는 항상 그림 2.2의 오른쪽 그림에 표시된 벽돌에서 볼 수 있는 굴곡이 실제 형태라고 생각하고 만들기위해 노력했는데 결국에는 객체를 사실적으로 보이게 만든 텍스처링 기법일 뿐이라는 것을 알게 되었습니다.

그림 2.2 – 블렌더에서 잘못된 텍스처링과 사실적인 텍스처링 간의 비교

사실적인 질감을 얻으려면 블렌더에 우리가 만들고 있는 재질에 대한 여러 정보를 제공해야 합니다. 우리는 그것이 어떻게 보이는지 정의할 필요가 있습니다. 그것의 색상, 얼마나 반짝이는지, 젖었거나, 거칠거나, 건조하거나, 매끄럽거나, 재질에 있는 미세한 굴곡의 정도, 그리고 재질의 높이, 이러한 모든 세부 사항은 그림으로 표시됩니다. 일부는 이를 맵 또는 채널이라고 부릅니다.

그림 2.3 – Base Color, Roughness, Normal, Displacement 맵

여러분께 사실적인 벽돌을 만드는 과정에 도움이 되도록 알려드릴 것입니다.

Base Color(기본 색상) 맵

첫 번째 맵은 Base Color 맵입니다. 이것은 명백히 재질 표면의 색상을 나타내며 가장 먼저 보게 되는 것입니다. Shader Editor에서 Base Color 맵을 할당하면 그림 2.2의 왼쪽 벽돌과 같이 평평한 결과로 보여집니다.

벽돌의 그림을 종이에 인쇄하는 것과 같습니다. 여기에서 멈추는 것은 처음에 우리 대부분이 저지르는 실수이며 그림 2.2의 왼쪽 영역에서 볼 수 있듯이 벽돌 재질이 사실적이지 않습니다.

새로운 블렌더 장면에서 Base Color 맵을 할당하려면 다음을 수행합니다.

1 3D 뷰포트에서 Shift + A 를 사용하여 Mesh에서 **Plane**을 선택합니다.

2 오른쪽 패널에서 **Material Properties** 아이콘을 클릭합니다.

3 재질 이름을 Bricks로 변경할 수 있습니다.

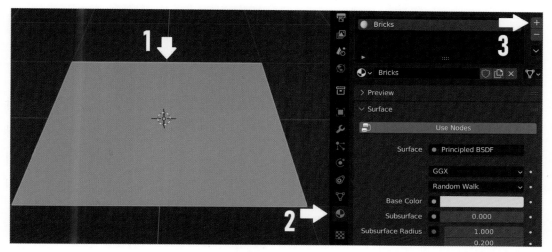

그림 2.4 – 목재 재질이 적용된 Plane 만들기

이제 Shader Editor로 이동하겠습니다. 맨 아래에는 기본적으로 타임라인이 있습니다. 노드를 사용하여 재질을 작업하고 변경할 수 있는 Shader Editor로 전환해야 합니다.

우리는 그림 2.5에서 보시다시피 그림 2.7에 표시된 벽돌 그림을 사용할 수 있습니다. 그림은 다음 주소에서 받을 수 있습니다.

https://github.com/PacktPublishing/3D-Environment-Design-with-Blender/
blob/main/chapter-2/Brick_Color.jpg

이제 하단 공간을 확장하여 내부에 무엇이 있는지 살펴보겠습니다. 가장자리를 잡고 위로 이동시키면 됩니다. 이제 Plane을 선택하면 Principled BSDF 및 Material Output이라는 두 개의 노드가 표시됩니다. 이는 당신이 올바른 방향으로 가고 있다는 것을 의미합니다.

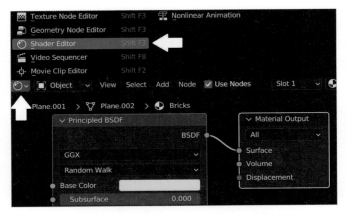

그림 2.5 – Timeline을 Shader Editor로 전환

Principled BSDF 노드에서 연결할 수 있는 첫 번째 요소는 Base Color 맵입니다. 그림 2.6 과 같이 Principled BDSF의 첫 번째 요소를 연결할 수 있습니다. 바탕 화면에서 Brick_ Color.jpg 텍스처를 끌어다 Shader Editor에 놓습니다. 이제 그림 텍스처 노드로 표시가 되며 그것을 Principled BSDF의 Base Color 노란색 점에 연결해야 합니다.

그림 2.6 – Shader Editor의 3개 노드 – 벽돌 그림 텍스처, Principled BSDF 및 Material Output

그러나 여전히 어떤 변화도 관찰되지 않는데 블렌더에서 기본적으로 Solid 렌더 모드에 있기 때문입니다. Solid 모드는 모든 것을 회색으로 표시합니다. 객체에 적용된 재질을 보려면 Material Preview 모드로 전환해야 합니다. 마우스를 Plane 위에 놓고 Z를 누른 다음 Material Preview를 클릭합니다.

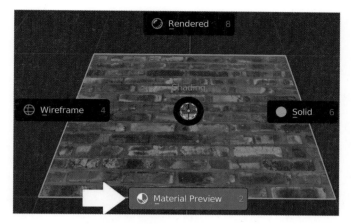

그림 2.7 – Plane에 적용된 재질을 표시하기 위해 Material Preview로 전환

즉시 Plane에 적용된 벽돌 텍스처를 볼 수 있습니다. 이것은 블렌더에서 객체를 텍스처링하기 위해 취하는 첫 번째 단계이지만 여기서 멈추지 않아야 합니다. 사실감을 달성하기 위해 재질에 Roughness 맵을 정보를 블렌더에 제공해야 합니다.

Roughness(거칠기) 맵

Roughness 맵은 재질의 광택 또는 거친 정도를 제어할 수 있는 흑백 그림입니다. 검은색은 매끄러움을 의미하고 흰색은 거친 것을 의미합니다.

Roughness 맵을 재질에 할당하면 검은색은 반짝이는 것으로 표시되는 반면 흰색 표면은 거친 표면으로 변환됩니다.

블렌더가 Roughness 맵을 처리하는 방법을 설명하기 위해 다음과 같은 간단한 실험을 수행해 보겠습니다.

1 컴퓨터에 있는 페인트 소프트웨어를 선택합니다. 필자는 Windows에서 그림판 소프트웨어를 사용했습니다.

2 다음과 같이 흰색 표면에 검은색 웅덩이 형상을 칠해보도록 합니다.

그림 2.8 – Roughness 맵의 작동 방식을 보여주는 데 사용된 세 개의 검은색 웅덩이가 있는 그림

3 이제 블렌더 장면으로 돌아가서 Base Color에 연결된 벽돌 텍스처를 임시적으로 해제합니다. 대신에 웅덩이 그림을 Shader Editor로 끌어다 놓고 Principled BSDF 노드의 Roughness에 연결해 보겠습니다.

4 효과를 좀 더 확실히 보기 위해 Base Color의 색상을 검은색으로 변경합니다. 그러면 다음과 결과를 얻을 수 있습니다.

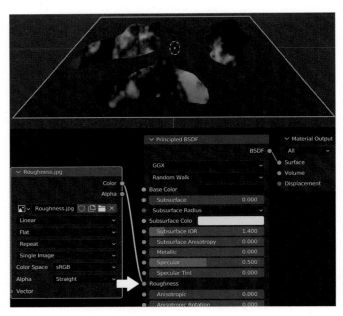

그림 2.9 – 블렌더에서 Roughness 맵으로 사용된 웅덩이 그림

검은 반점은 완전히 광택이 나는 반면 흰색 반점의 영역은 거칠다는 것을 알 수 있습니다. 그림 노드를 선택하고 [X]를 눌러 웅덩이 그림을 삭제할 수 있습니다.

이것이 Roughness 맵이 작동하는 방식입니다. 우리가 사용할 벽돌 Roughness 맵은 다음 링크에서 받을 수 있습니다.

https://github.com/PacktPublishing/3D-Environment-Design-with-Blender/
blob/main/chapter-2/Brick_Roughness.jpg

Brick-Roughness.jpg 텍스처를 받은 다음 그림에서 표시된 Principled BSDF의 Roughness 슬롯에 연결합니다

그림 2.10 – Principled BSDF의 Roughness 슬롯에 Brick Roughness 그림 할당

Principled BSDF 슬롯의 Roughness에 Brick-Roughness.jpg 텍스처를 할당한 후 Roughness 텍스처의 Color Space 유형을 sRGB에서 Non-color로 변경해야 합니다. Roughness는 Color로 취급되어서는 안 됩니다. 가능한 색상 변환을 피하고자 그렇게 합니다.

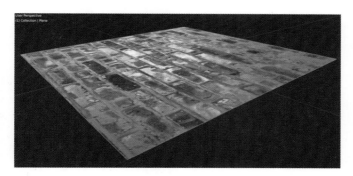

그림 2.11 – 벽돌 재질에 Roughness 맵 할당

이 그림은 Roughness 맵을 추가했을 때 벽돌 재질의 결과를 보여줍니다. 다음 단계는 Normal 맵을 적용하는 것입니다.

Roughness 맵을 다룰 때 검은색은 반사를 의미하고 흰색은 거친 면을 의미한다는 것을 기억하세요.

Normal(법선, 노멀) 맵

그림 2.12 - Normal 맵의 예

앞에 텍스처링 과정에서 푸르스름한 그림을 보고 그 용도가 무엇인지 궁금하지 않았나요?

이것은 Normal 맵으로 3D 객체에 적용하면 가짜 굴곡을 만듭니다.

성능 측면에서 비용이 들지 않는 세부 정보를 추가합니다. 보다 구체적으로 말하자면 렌더링 시간에 영향을 주지 않고 객체에 상당한 세부 사항과 사실감을 추가합니다. 게임 회사들은 사실적인 모양을 유지하면서 렌더링 성능을 최대화하기 위해 이 방법을 많이 사용합니다.

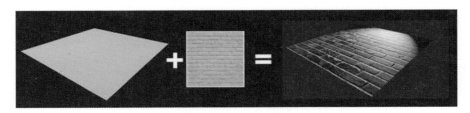

그림 2.13 - Plane에 벽돌 Normal 맵 적용

이제 벽돌 예제에 Normal 맵을 적용해 보겠습니다. 이를 위해서는 **Normal Map**이라는 새 노드가 필요합니다. 따라서 Shader Editor에 커서를 놓고 [Shift] + [A]를 누른 다음 Normal Map을 검색하고 [Enter]를 누릅니다. Normal Map 노드는 다음과 같습니다.

그림 2.14 - Normal Map 노드의 그림

이 노드를 사용하려면 Brick_Normal 그림 텍스처를 Normal Map의 Color 슬롯에 연결해야 합니다.

우리가 사용할 Normal 맵 텍스처는 https://github.com/PacktPublishing/3D-Environment-Design-with-Blender/blob/main/chapter-2/Brick_Normal.jpg에서 내려받을 수 있습니다.

그런 다음 Normal을 Principled BSDF 노드의 Normal 슬롯에 연결합니다.

그림 2.15 – 벽돌 Normal 그림 텍스처를 Normal Map 노드에 연결한 후 Principled BSDF, Normal 슬롯에 연결

그러면 다음 그림같이 벽돌 재질에 대한
입체감을 즉시 확인할 수 있습니다.

그림 2.16 – Normal Map 노드가 적용된 벽돌 텍스처

이제 Normal Map 노드가 적용되어 재질이 훨씬 더 사실적으로 보입니다. 이제 Plane에는
렌더링 성능에 영향을 미치지 않는 세밀한 표현이 생겼습니다.
다음 단계는 Displacement 맵에 대한 것입니다.

Displacement(변위) 맵

Displacement 맵은 Roughness 맵과 유사한 흑백 그림이지만 수행하는 역할이 다릅니다.

이를 모델링의 대안적 방법으로 생각해 볼 수 있습니다.

블렌더에 흑백 그림을 입력하여 3D 객체에 할당합니다. 흰색 영역은 튀어나오게 하고 검은색 영역은 안쪽으로 밀어 넣습니다. 회색은 중간으로 객체를 평평하게 만듭니다.

Displacement 맵이 작동하는 방식을 이해하는 데 다음 예시보다 쉬운 것은 없습니다. 필자는 그림판을 사용하여 이 단순한 디자인을 만들었습니다.

그림 2.17 –
중간에 흰색 다각형 모양이 있는 검은색 그림

이 그림을 Height(높이) 맵으로 Plane에 적용하면 다음과 같이 보이게 됩니다.

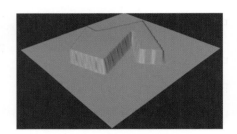

그림 2.18 –
Plane에 적용된 그림 2.17의 Height 맵

그림 2.18과 같이 Height 맵은 적용된 Mesh의 모양을 실제로 변형시킵니다.

Normal 맵은 텍스처 표면을 비추는 조명에만 영향을 주지만 Displacement 맵은 한 단계 더 나아가 적용된 Mesh의 모양을 실제로 변경합니다.

돌출량은 흰색과 검은색의 강도에 따라 달라집니다. Height 맵의 검은색은 가장 낮은 지점을 나타내고, 흰색은 가장 높은 지점을 나타내며, 회색은 높이 0을 나타냅니다. 다음 그림 2.19에서는 이 내용을 설명합니다.

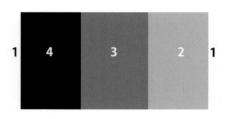

그림 2.19 –
그라데이션 된 색상: 검은색, 회색 및 밝은 회색

검은색(4), 회색(3), 밝은 회색(2), 흰색(1)의 네 가지 색상이 있는 이 그림을 Plane에 대한 Height 맵으로 적용하면 다음과 같은 결과를 얻을 수 있습니다.

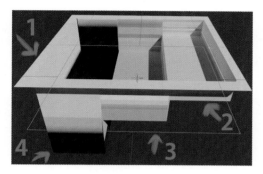

그림 2.20 – Plane에 적용된 그림 2.19의 Height 맵

Displacement 맵에 표시된 흰색 테두리는 Plane에서 가장 높은 표면으로 변환됩니다.

두 번째 밝은 회색 색상은 50%의 돌출을 제공합니다. 세 번째 회색 색상은 평평한 0% 높이 디테일을 제공합니다. 네 번째 검은색은 아래쪽으로 100% 돌출을 제공합니다.

다음 과정에서는 Displacement 맵을 적용하고 사용하는 방법을 배울 것입니다. Base Color, Roughness, Normal 및 Height 맵이 작동하는 방법을 배웠으므로 이제 통나무집에 적용할 사실적인 나무 재질을 만들어 보겠습니다.

▌ 블렌더의 절차적 텍스처링으로 사실적인 목재 재질 만들기

지금까지 배운 모든 것을 적용하여 절차적 방식 텍스처링을 통해서 다양한 목재 재질을 만들고 1장에서 만든 통나무집에 적용해 보겠습니다.

블렌더의 절차적 텍스처링을 이해하는 것으로 시작하겠습니다. 절차적 텍스처링은 수학적으로 정의된 노드 텍스처들을 사용하여 블렌더 내에서 자체적으로 텍스처를 생성하는 과정입니다. 이것의 좋은 점은 외부 텍스처에 의존하지 않고 고품질 텍스처를 만들 수 있다는 것입니다.

먼저 블렌더 장면을 설정해 보겠습니다.

1 새 Plane을 만듭니다.

2 Plane에 새 재질을 지정하고 이름을 Wood로 지정합니다.

3 하단 패널을 Shader Editor로 전환합니다.

4 3D 뷰포트에서 Z를 사용하여 **Material Preview**로 전환하여 재질의 확인하도록 합니다.

PrincipledBSDF 및 Material Output 노드를 보려면 Plane을 선택해야 합니다. 이제 준비가 되었습니다.

그림 2.21 – Wood라는 재질이 적용된 Plane

나무 질감을 만들고 싶다면 나무 자체의 특성을 이해해야 합니다. 참조 그림이 있으면 올바른 노드를 사용하여 나무 질감을 만드는 데 도움이 됩니다.

그림 2.22 – 나무 텍스처 참조 그림

앞의 그림은 나무 질감에 대한 실제 참조입니다. 자세히 살펴보면 나무가 늘어진 작은 층들의 조합이라는 것을 알게 될 것입니다. 그렇다면 블렌더에서 어떻게 표현해 볼 수 있을까요?

임의의 층들을 만들 수 있는 Musgrave Texture 노드가
있습니다. 이 노드를 얻으려면 Shader Editor에서 Shift
+ A 를 누르고 Search를 클릭한 다음 Musgrave Texture
를 입력합니다.

그림 2.23 –
Musgrave Texture 그림

그래서 여기에 요령이 있습니다. 두 개의 Musgrave Texture 노드를 차례로 결합하고 이를
Base Color에 연결합니다.

첫 번째 Musgrave Texture 노드의 Scale은 기본값인 5로 설정하고 두 번째 Musgrave
Texture 노드의 Scale은 50으로 설정해야 합니다. 이렇게 하면 다음 그림과 같은 결과를 얻
습니다.

그림 2.24 – 연결된 두 Musgrave Texture 노드의 결과

나무에서 볼 수 있는 것과 유사한 줄무늬 층을 생성하지만 늘어지는 또 다른 효과를 추가해야 합니다. 나무처럼 보이도록 텍스처를 늘려야 하는데, 이 작업을 수행하기 위해 Mapping과 Texture Coordinate라는 두 개의 노드를 사용합니다.

그림 2.25 – 나무 질감의 크기 변경

Texture Coordinate 노드의 UV 슬롯을 Mapping 노드의 Vector 슬롯에 연결합니다. 그런 다음 Mapping 노드의 Vector 슬롯을 첫 번째 Musgrave Texture의 Vector 슬롯에 연결합니다.

이 두 노드를 사용하면 연결된 모든 텍스처의 위치, 회전 및 크기를 조정할 수 있습니다. 첫 번째 노드인 Texture Coordinate는 원하는 변경 유형을 정의하므로 이를 UV로 설정합니다. 두 번째 노드인 Mapping은 텍스처의 XYZ 위치, 회전 및 크기의 세 가지 변경 설정을 제공합니다. 크기 설정은 X축과 Y축으로 합니다. X는 2.0으로 설정, Y는 0.2로 설정하도록 합니다.

그림 2.26 – Mapping 노드를 사용하여 나무 텍스처 늘이기

보시다시피 실제 나무와 비슷해지기 시작했습니다.

다음 단계는 표면에 노이즈 효과를 추가하는 것입니다. 텍스처를 확대하면 CG같이 너무 완벽하게 보일 것이므로 노이즈 효과를 추가해서 나무 텍스처의 완벽함을 깨뜨려야 합니다. 이 노드를 얻으려면 Shader Editor에서 [Shift] + [A]를 누르고 검색을 클릭한 다음 Noise Texture를 추가합니다.

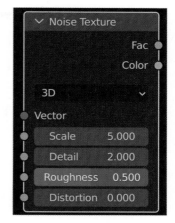

그림 2.27 – Noise Texture 노드

Noise Texture 노드를 Principled BSDF의 Base Color 슬롯에 연결하면 텍스처가 Plane에 적용된 모습을 볼 수 있습니다.

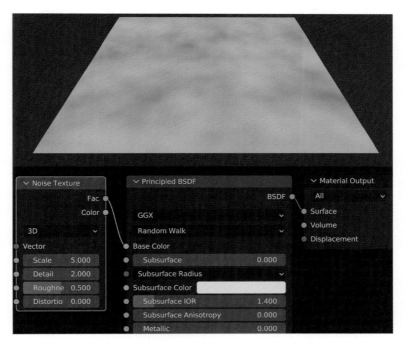

그림 2.28 – Plane에 적용된 Noise Texture 노드

Noise Texture 노드를 Musgrave Texture 노드와 혼합하는 방법을 찾아야 하는데 그것은 Mix라는 새로운 노드를 사용하는 것입니다.

Mix 노드

Shader Editor에서 [Shift] + [A]를 누르고 *Mix를 검색합니다. [Enter]를 누르면 다음 노드가 표시됩니다.

그림 2.29 – Mix 노드

이 노드에는 3개의 슬롯이 있습니다.

- **Fac:** 값은 0과 1 사이이며 혼합량을 제어합니다. 0은 Color 1의 100%를 의미하고 1은 Color 2의 100%를 의미합니다.
- **Color1:** 혼합할 첫 번째 노드.
- **Color2:** 혼합할 두 번째 노드.

이 노드를 사용하여 두 텍스처를 함께 혼합합니다. Factor 값은 혼합량을 제어합니다. Factor 값을 0으로 설정하면 A 슬롯에 할당된 텍스처가 100% 나타나게 됩니다. 1로 설정하면 B 슬롯을 100% 표시하게 됩니다. 이전 그림에서 볼 수 있듯이 0.5로 설정하면 두 색상이 50:50으로 혼합됩니다.

이 Mix 노드를 사용하여 Noise Texture 노드를 Musgrave Texture 노드와 혼합해 보겠습니다.

● 역주. 블렌더 3.5버전 기준으로 MixRGB → Mix로 바뀌었습니다.

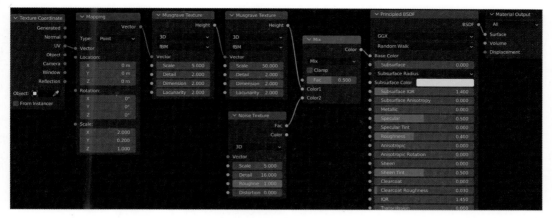

그림 2.30 – Shader Editor에서 나무 질감의 노드 설정

Noise Texture 노드를 다음과 같이 조정했습니다.

• Detail 수치를 16으로 설정합니다.

• Roughness 수치를 1로 설정합니다.

이렇게 하면 노이즈의 디테일이 더 풍부해지고 크기는 작아집니다. 설정된 목재 재질의 모습은 다음과 같습니다.

그림 2.31 – 절차적 나무 텍스처

이제 나무표면이 설정되었으므로 다음 단계는 나무의 색상을 입히는 것입니다. 이것은 간단하게 ColorRamp 노드를 사용할 것입니다.

ColorRamp 노드를 사용하여 나무 텍스처에 색상 추가

다음 단계는 나무의 색상을 다채롭게 만드는 것입니다. ColorRamp 노드를 다시 사용할 것입니다.

Shader Editor에서 Shift + A 를 누르고 ColorRamp를 검색하여 Mix와 Principled BSDF 노드 사이에 놓습니다. 그러면 노드 그룹에 자동으로 연결됩니다.

1 슬라이드 바에서 오른쪽의 마커를 선택하고 밝은 갈색 쪽으로 이동시킵니다.

2 ColorRamp 노드 창 상단에 있는 +아이콘을 사용하여 새 마커를 추가합니다.

3 새 마커 색상을 더 어두운 갈색으로 변경합니다.

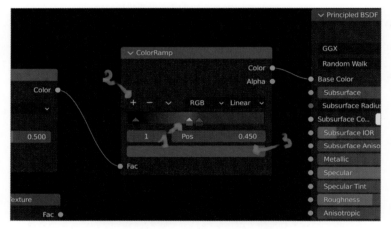

그림 2.32 – ColorRamp 노드 조정

재질의 색상을 완벽하게 제어할 수 있으므로 ColorRamp 노드를 계속 사용하는 것이 좋습니다. 언제든 원하는 색상으로 변경할 수 있습니다. 절차적 텍스처링의 멋진 점은 텍스처를 만드는 것이 100% 유연하다는 것입니다.

ColorRamp 노드를 조정하면 이제 나무 텍스처가 다음과 같이 보입니다.

그림 2.33 - ColorRamp를 사용하여 절차적 나무 텍스처에 색상 지정

ColorRamp 노드에 대한 새로운 변경 사항을 볼 수 있으며 그 결과 새로운 나무 모양이 생겼습니다.

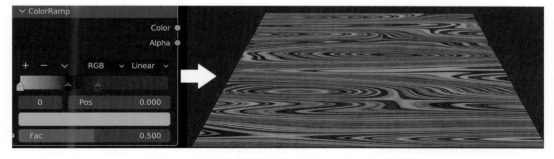

그림 2.34 - 다른 나무 질감을 얻기 위한 ColorRamp의 설정 변경

목재 재질의 첫 번째 채널인 Base Color에 대한 작업을 마쳤으므로 이제 다른 세부 정보가 필요합니다. 아시다시피 지금 목재 재질은 평평하고 비현실적입니다. 반사를 제어하는 Roughness와 표면에 미세한 굴곡을 주는 Normal과 같은 다른 세부 사항을 추가해야 합니다.

Roughness 맵을 사용하여 나무에 반사 추가

나무 반사에 대해 작업하려면 ColorRamp 노드를 추가하고 나무의 색상을 제어하는 이전 ColorRamp 노드의 출력을 새 ColorRamp 노드에 연결하고 슬라이드 바에서 색상 마커를 조정해야 합니다.

다음 그림에서 나무 노드 설정 전체를 볼 수 있습니다.

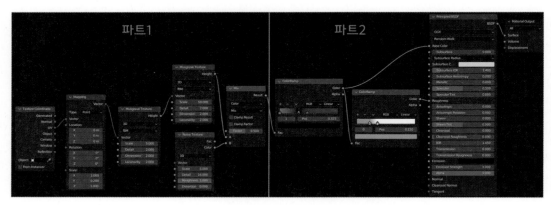

그림 2.35 – 목재 재질에 대한 전체 노드 설정

세세한 부분까지 볼 수 있도록 그림을 두 부분으로 나눴습니다. 다음은 나무 노드 설정의 파트 1입니다.

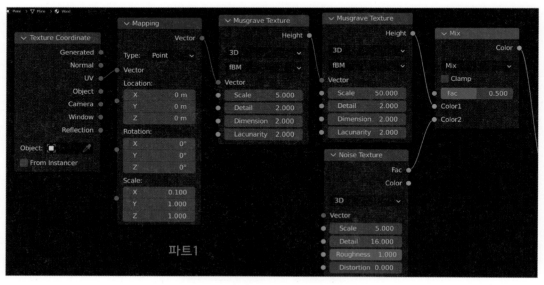

그림 2.36 – 나무 노드 설정의 파트 1

나무 노드 설정의 파트 2입니다.

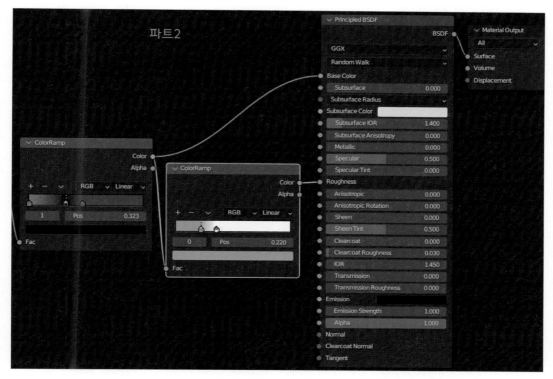

그림 2.37 – 나무 노드 설정의 파트 2

마지막 결과로 나무에 반사감이 추가된 것을 볼 수 있습니다.

그림 2.38 – 목재 재질에 반사감 추가

이제 우리는 나무 재질에 있는 반사의 변화를 볼 수 있습니다. 다음 단계는 표면에 미세 굴곡을 추가하는 것입니다.

목재 재질의 표면에 미세 굴곡 추가

지금까지 나무의 색상과 표면의 멋진 반사가 있지만 재질은 여전히 평평하고 비현실적으로 보입니다. 미세 굴곡을 추가하여 사실적으로 만들어야 합니다.

이를 위해 Bump 노드를 추가하고 다음 그림과 같이 ColorRamp 노드의 Color와 Principled BSDF 노드의 Normal 사이에 배치합니다.

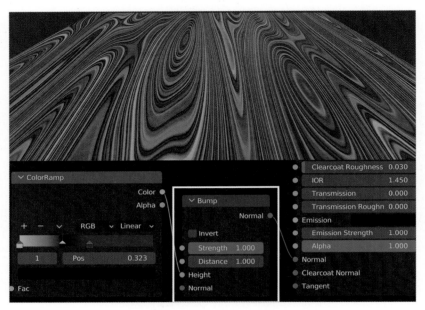

그림 2.39 – 목재 표면을 울퉁불퉁하게 만들기 위해 Bump 노드 추가

이제 목재 재질 표면의 미세 굴곡을 볼 수 있습니다. 그러나 나무를 보다 사실적으로 보이게 하려면 Bump 노드의 Strength를 약 0.1로 줄여야 합니다.

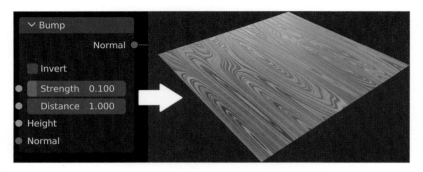

그림 2.40 – Bump 노드의 강도를 0.1로 줄이기

축하합니다! 우리는 나중에 통나무집의 질감에 사용할 수 있는 사실적인 나무 재질을 만들었습니다.

▎요약

이 장에서는 먼저 사실적인 재질의 네 가지 구성 요소인 Base Color 맵, 재질의 반사도를 위한 Roughness 맵, 표면의 미세 굴곡을 위한 Normal 맵, 그리고 지오메트리의 실제 모양을 변경하는 Height 맵을 분석하여 사실적인 텍스처링의 기본 사항을 살펴보았습니다.

그리고 블렌더에서 절차적 텍스처링을 위해 Musgrave Texture, Noise Texture, Mix, Mapping 및 Texture Coordinate와 같은 노드 조합을 사용하여 사실적인 목재 재질을 만들었습니다.

다음 장에서는 블렌더의 UV 맵핑의 개념을 학습하고 올바른 방법으로 맵핑하는 방법에 초점을 맞출 것입니다. 그리하여 나무 텍스처를 우리가 만든 통나무집에 적용할 것입니다. 만들어보면서 여러분들은 3D 객체의 UV 기술을 이해할 수 있게 될 것입니다.

3장

효과적인 UV펴기와
텍스처링

:

*Unwrapping(언랩핑)은 텍스처를 3D 객체에 적용하는 데 있어서 필수적인 기술입니다. 따라서 이 장에서는 언랩이 정확히 무엇이고 왜 필요한지 이해하고 블렌더에서 3D 객체를 효율적으로 맵핑하는 데 필요한 도구와 기술에 관해 설명합니다.

다양한 모양과 크기를 가진 모델을 언랩하고 텍스처링하는 작업을 많이 하게 될 것입니다. 여기에서 목표는 통나무집 모델을 언랩하고 텍스처를 적용하는 것입니다.

이 장에서 다룰 내용은 다음과 같습니다.

- 목재 재질 가져오기
- 통나무집 언랩 및 텍스처링

| 기술 요구 사항

이 장은 블렌더 버전 3.0 이상을 실행할 수 있는 Mac 또는 PC가 필요합니다.

GitHub에서 이 장의 리소스를 내려받을 수 있습니다.

https://github.com/PacktPublishing/3D-Environment-Design-with-Blender/
tree/main/chapter-3

- 역주. 객체의 UV를 펼치는 작업을 의미합니다. 일반적으로 '언랩'이라고 합니다.

| 목재 재질 가져오기

이전 장에서는 절차적 텍스처링을 사용하여 목재 재질을 만들었습니다. 이제 https://github.com/PacktPublishing/3D-Environment-Design-with-Blender/tree/main/chapter-3 에서 받을 수 있는 리소스를 통나무집 모델에 적용할 시간입니다.

통나무집 모델을 받은 후 먼저 언랩을 하고, 텍스처링해야 합니다. 이를 위해 먼저 이전 장에서 만든 목재 재질을 가져와서 **Wood Cabin Model**.blend 파일을 열어서 쓰도록 합니다.

1 **File**을 클릭하고 **Append**를 선택합니다.

그림 3.1 – Append로 다른 장면의 파일 가져오기

2 그런 다음 앞에서 나무 재질을 만든 블렌더 파일(Wood.blend)을 선택합니다.

선택한 블렌더 파일에서 가져올 폴더 유형을 묻는 창이 표시됩니다.

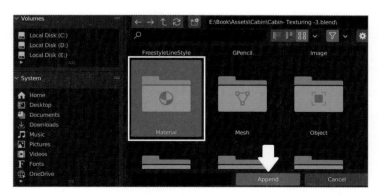

그림 3.2 – 블렌더에서 가져올 파일 유형 선택

보이는 블렌더 파일에서 무엇이든 가져올 수 있습니다. 우리의 경우에는 재질이 필요합니다.

3 Material 폴더(이전 그림에서 파란색으로 강조 표시된)를 두 번 클릭하고 그 안에 미리 만든 목재 재질을 찾아야 합니다.

4 그 목재 재질을 선택하고 **Append**를 클릭하면 이제 목재 재질이 추가됩니다.

목재 재질이 있는지 확인하려면 **Materials Properties**(다음 그림의 1단계)로 이동한 다음 재질 저장소(다음 그림의 2단계)를 클릭합니다. 여기에서 장면에 있는 모든 재질을 찾을 수 있으며 Wood는 그중 하나입니다.

그림 3.3 – 재질 속성의 재질 저장소

이제 목재 재질을 새로운 통나무집 장면으로 가져왔으므로 통나무집에 적용해 보겠습니다.

┃ 통나무집 텍스처링하기

가져온 목재 재질을 사용하여 통나무집에 텍스처를 적용해 보겠습니다.

1 통나무집의 앞면을 선택합니다.

2 **Material Properties**로 이동하면 비어 있음을 알 수 있는데, 이는 선택한 객체에 적용된 재질이 없음을 의미합니다.

3 재질 저장소를 클릭하고 장면으로 가져온 **Wood Cabin** 재질을 선택합니다.

그림 3.4 – 통나무집에 목재 재질 적용하기

이제 나무 재질이 통나무집 전면에 적용되었지만, 뷰포트 디스플레이가 Solid로 설정되어 있어 재질을 볼 수가 없습니다. 뷰포트 디스플레이는 3D 뷰포트의 전체적인 모습을 나타냅니다. 객체에 적용된 재질을 보려면 뷰포트를 **Material Preview**로 전환해야 합니다. 따라서 3D 뷰포트에서 마우스를 가리키고 Z를 누른 다음 ˚**Material Preview**를 선택합니다.

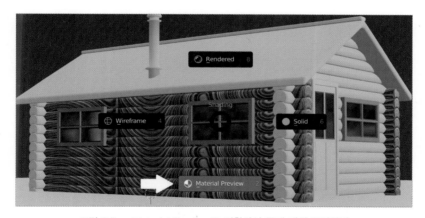

그림 3.5 – Material Preview로 전환하여 목재 재질 표시하기

현재 목재 재질의 무늬가 반복적이고 비현실적으로 보이는데 이것은 우리 통나무집을 제대로 언랩하지 못한 것과 관련이 있습니다.

목재 재질을 더 잘 보이게 하려면 통나무집을 잘 언랩해야 합니다. 왜 이런 일이 생겼는지 이해하기 위해 UV 맵핑을 분석해 보겠습니다.

● 역주. Material Preview가 뜨지 않을 때가 있는데 Render Engine이 Workbench로 설정되어 있을 수도 있습니다. Cycles나 Eevee로 설정하면 Material Preview를 선택할 수 있습니다.

UV 맵핑이란?

통나무집을 텍스처링하기 전에 UV 맵핑이 무엇인지 이해합시다. UV 맵핑(UV mapping) 또는 언랩핑(Unwrapping)은 같은 의미를 가지는데 이것은 2D 그림 텍스처를 3D Mesh에 부착하는 과정입니다. U와 V는 UV 편집기의 가로, 세로 축 이름이고 X, Y, Z는 3D 뷰포트의 좌표를 나타냅니다.

기본적으로 Mesh는 UV가 같이 생성됩니다. Mesh를 추가하면 블렌더가 자동으로 언랩을 하고 UV 편집기에서 UV를 생성합니다.

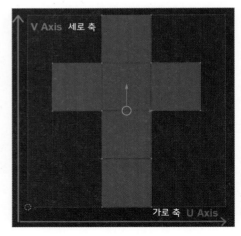

그림 3.6 – UV 편집기에서 표시된 U와 V축

언랩을 더 잘 이해하기 위해 예시로 간단한 Cube를 만들었습니다.(그림 3.7 참조)

여러분들이 가위를 들고 정육면체를 자르고 있다고 상상해봅니다. 어린 시절에 우리는 모두 이것을 해본 적이 있습니다. 완벽한 정육면체를 만들고 펼치려면 녹색으로 강조 표시된 가장자리를 7번 잘라야 합니다.

Tab 을 눌러 편집 모드로 전환하고 강조 표시된 녹색 선들을 선택한 다음 Ctrl + E 를 누르고 Mark Seam을 선택합니다. 이것은 블렌더가 잘라낼 선을 표시하고 있음을 의미합니다.

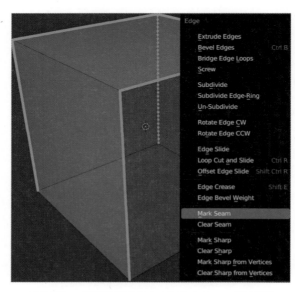

그림 3.7 – 언랩을 위해 Cube에 Mark Seam 선택하기

다음으로 Cube를 언랩하려면 편집 모드에서 Cube를 선택한 상태에서 Ⓤ를 눌러 메뉴의 **Unwrap**을 선택합니다. 타임라인 창을 확장하고 UV Editor(UV 편집기)로 전환해 보겠습니다.

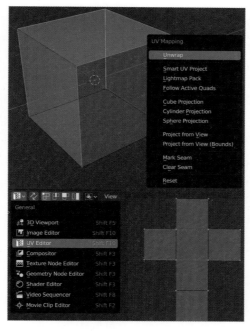

그림 3.8 – Cube를 Unwrapp하여 UV Editor에서 UV 맵 보기

UV Editor에 표시된 UV 맵을 볼 수 있습니다. 다음 단계는 UV 맵을 그림으로 내보내는 것입니다. 상단 표시줄에는 **UV** 탭(다음 그림의 1단계) 클릭하고 **Export UV Layout**를 선택합니다(2단계).

그림 3.9 – Cube UV 맵의 Export UV Layout

그런 다음 그림 파일로 저장하고 그림 편집 프로그램으로 열 수 있습니다. 각 상자를 다른 색상으로 칠하고 숫자를 추가합니다.

그림 3.10 – Cube UV 레이아웃 텍스처링

마지막 상자에는 무엇이든 넣을 수 있음을 보여주기 위해 예시로 나무 질감을 넣었습니다. 이 텍스처를 나중에 사용하기 위해 데스크탑에 저장하도록 합니다.

이제 블렌더 장면으로 돌아가서 이 텍스처를 Cube에 붙이도록 하겠습니다. 그렇게 하려면 재질을 만들고 Cube에 할당해야 합니다. Cube를 선택하고 **Material Properties**를 클릭한 다음 **New Material**을 선택합니다. 또한, 하단 창을 UV Editor에서 **Shader Editor**로 전환하여 Cube 재질을 조정하겠습니다.

Shader Editor에서 Cube를 선택하면 **Principled BSDF** 노드가 표시됩니다. 먼저 그림 3.10에 있는 텍스처를 데스크탑에서 **Shader Editor**에 끌어다 놓습니다. 텍스처는 다음 그림 3.11과 같이 자동으로 그림 텍스처 노드(Cube 노드)로 바뀝니다.

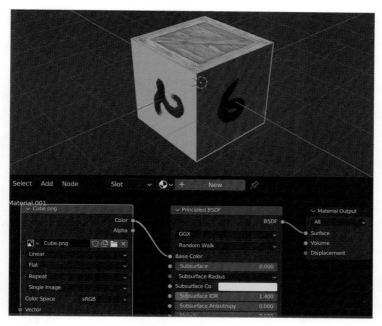

그림 3.11 – 언랩된 Cube에 텍스처 UV 레이아웃 할당

이제 그림 3.10에 표시된 텍스처를 Cube에 할당하려면 Cube 텍스처 노드를 Principled BSDF 노드의 Base Color에 연결하고 Z를 눌러 3D 뷰포트를 Material Preview로 전환하기만 하면 됩니다. 그러면 위의 그림 3.11에 표시된 대로 Cube를 감싸는 그림 3.10의 텍스처를 보게 될 것입니다.

이것이 3D 객체를 언랩하고 텍스처링하는 올바른 방법입니다. 우리의 통나무집으로 돌아가서 여러 통나무로 이뤄진 벽에서 하나를 언랩해보도록 합니다.

통나무집 원통으로 언랩해보기

우리는 나무 원통에 Cube로 했던 것과 같은 작업을 할 것입니다.

원통을 언랩하기는 쉽습니다. 가위를 들고 원통을 자른 다음 바닥에 펼친다고 상상해봅니다. 먼저 원통의 측면 원을 자른 다음 그림에서 빨간색으로 강조 표시된 선을 잘라냅니다.

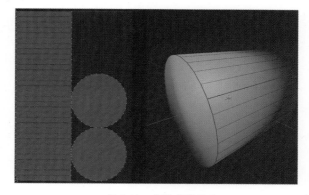

그림 3.12 – 원통 언랩하기

그런 다음 이제 통나무집의 나무 원통을 선택하고 끝부분 가장자리 원을 선택하여 Ctrl + E 를
누르고 Mark Seam을 선택합니다.

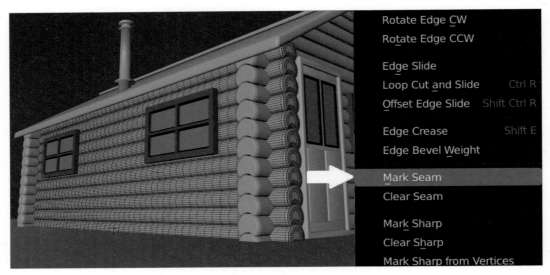

그림 3.13 – 목재 통나무집의 원통에 Mark Seam 선택하기

나무 원통들을 언랩하려면 모두 선택하고 U 를 누른 다음 Unwarp을 선택합니다. Z 를 눌러
Material Preview 모드로 전환하면 나무의 텍스처가 무작위로 좋게 보이지만 너무 크게 나
타납니다. 텍스처의 많은 부분을 덮도록 UV를 더 크게 조절해야 합니다. 이를 위해 Shader
Editor로 돌아가 나무 텍스처의 크기를 제어할 Texture Coordinate 노드와 함께 Mapping
노드를 추가합니다. 2장(그림 2.26)에서도 동일한 작업을 수행했습니다. X축을 0.5로, Y축을
5로 설정하여 나무 텍스처를 5배 확대했습니다.

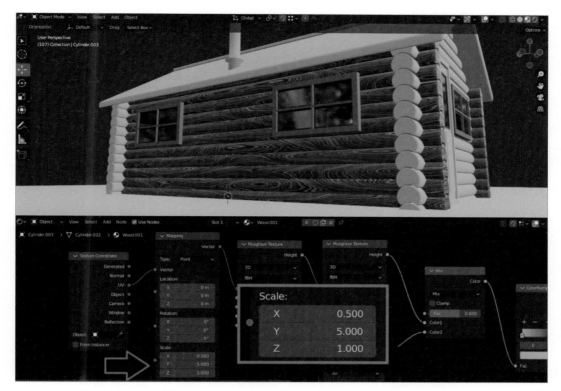

그림 3.14 – Mapping 노드를 사용하여 나무 텍스처 확대

다른 나무쪽에도 같은 작업을 수행하며 완료가 되면 지붕을 작업하도록 합니다.

지붕 언랩 및 텍스처링하기

지붕에 텍스처를 적용하려면 다음 단계를 수행합니다.

1 지붕을 선택하고 **Material Properties**로 이동하여 **Roof**라는 새 재질을 만듭니다.
   https://github.com/PacktPublishing/3D-Environment-Design-with-Blender/blob/
   main/chapter-3/Roof.jpg 에서 지붕 텍스처를 받도록 합니다.

2 텍스처를 **Shader Editor**로 끌어다 놓습니다.

3 그림 3.16과 같이 **Shader Editor**에서 지붕 텍스처 노드의 **Color** 슬롯을 **Principled BSDF** 노
   드의 **Base Color**에 연결합니다.

   Material Preview로 전환해도 지붕 재질이 제대로 보이지 않습니다(그림 3.15 참조).

   따라서 언랩을 위한 더 나은 방법이 필요합니다. 지붕은 중요한 영역이 아니기 때문에 seam을
   표시하는 데 많은 시간을 할애할 필요가 없습니다. 대신 **Smart UV Project**를 사용하여 블렌더
   가 자동으로 처리하도록 할 것입니다.

Smart UV Project

Smart UV Project는 객체를 자동으로 언랩해주는 방법입니다. 이 옵션을 선택하면 블렌더가 자동으로 새 Seam들을 배치하고 객체를 언랩해줍니다. Smart UV Project는 객체를 쉽게 언랩하는 방법처럼 보일 수 있지만 수동 언랩보다 덜 만족스러운 결과를 생성하는 경우가 많으므로 단순한 물체에만 사용하도록 합니다.

4 지붕을 선택하고 편집 모드로 전환한 다음 모든 지붕이 선택되었는지 확인하고 U를 누른 다음 **Smart UV Project**를 선택합니다. 그런 다음 **OK**를 클릭합니다.

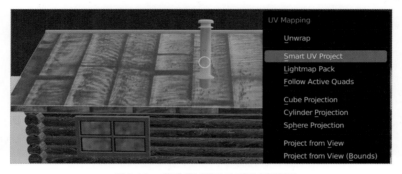

그림 3.15 – 목재 통나무집의 지붕 언랩하기

이 방법은 항상 제대로 작동하지 않으므로 약간의 조정이 필요합니다. 상단 지붕 텍스처의 방향을 수평으로 전환해야 합니다. 이를 위해 Shader Editor로 이동하여 **Roof** 재질을 확인합니다.

5 **Mapping** 및 **Texture Coordinate** 노드를 추가합니다.

그림 3.16 – 통나무집의 재질 노드 설정

6 **Mapping** 노드에서 텍스처 방향(X 또는 Y)에 따라 변경할 축이 다를 수 있습니다. 지붕 텍스처를 살펴보고 크기를 조정합니다. 필자의 경우에는 스케일을 X축과 Z축 모두에서 0.4로, Y축에서 0.2로 변경했습니다. 이 설정이 가장 효과적이라는 것을 알아냈습니다. 여러분들은 **Mapping** 노드가 어떻게 작동하는지 이해하기 위해 지붕을 확인하면서 Rotation 및 Scale 값을 조정하는 것이 좋습니다.

그림 3.17 - 통나무집의 지붕 텍스처링

지붕이 평평한 그림처럼 보이므로 재질의 반사를 조정해야 합니다.

7 **ColorRamp** 노드를 추가해 보겠습니다. 지붕 텍스처 노드의 **Color**를 ColorRamp 노드의 **Fac**을 연결하고 더 나은 지붕 반사를 위해 그림 3.18과 같이 슬라이드 바를 배치합니다.

8 **Bump** 노드도 추가해 보겠습니다. 지붕 텍스처 노드의 노란 **Color** 슬롯을 **Bump** 노드의 **Height** 슬롯에 연결하고 **Strength**를 0.5로 조절하여 지붕에 사실적인 디테일을 추가합니다.

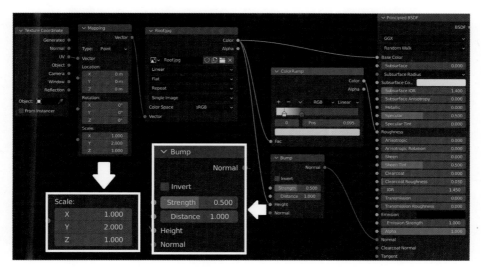

그림 3.18 - 지붕 재질에 Bump 및 Roughness 추가

방금 만든 재질을 적용한 후의 지붕 모양은 다음과 같습니다.

그림 3.19 – 완료된 지붕 텍스처링

다음으로 지붕의 철제 굴뚝을 작업할 것입니다.

굴뚝 텍스처링하기

굴뚝 텍스처를 만들기 위해 금속 텍스처를 사용하여 다음과 같이 보이게 할 것입니다.

그림 3.20 – 금속 텍스처를 사용하여 굴뚝 텍스처링

1 굴뚝 객체를 선택하고 **Metal**이라는 재질을 만듭니다.

   https://github.com/PacktPublishing/Photorealistic-3D-Nature-Environment-
   Creation-with-Blender/blob/main/chapter-3/Metal.jpeg에서 금속 텍스처를 찾아 데스
   크톱에 다운로드 받습니다.

2 금속 텍스처를 Shader Editor로 집어넣습니다.

3 금속 텍스처 노드의 **Color** 슬롯을 Principled BSDF 노드의 **Base Color**에 연결합니다.

4 재질을 금속처럼 보이게 하려면 **Principled BSDF**의 **Metallic**(금속성) 값을 0.9로 늘립니다.

5 **ColorRamp** 노드를 추가하고 그림 3.21과 같이 슬라이딩 바를 배치하여 금속 재질이 반사되는 것처럼 보이게 합니다.

6 **Bump** 노드를 추가하고 **Strength**(강도)를 0.1 값으로 설정합니다.

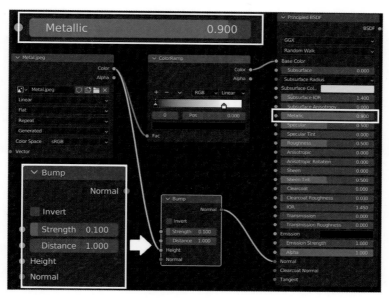

그림 3.21 – Bump 추가 및 금속 재질의 Metallic값 증가

통나무 모양이 완전히 직선적이고 비현실적임을 알 수 있습니다. 이것은 기계로 나무를 자르지 않는 한 불가능하며, 통나무집에서 사용되는 나무는 유기물이기 때문에 모양이 완벽하지 않습니다. 그래서 우리는 나무의 모양에 약간의 결점을 추가하여 실제와 유사하게 보이게 해야 합니다.

그림 3.22 – 금속 굴뚝 텍스처링 완료

편집 모드에서 통나무들 형상을 수정할 수 있지만 시간이 오래 걸립니다. 다행히 이전 장에서 배운 Height 맵을 사용하여 지오메트리를 조정하는 더 좋은 방법이 있습니다. 지오메트리에 Cloud 텍스처를 적용하면 완벽성을 깨뜨릴 수 있습니다.

Cloud 텍스처는 블렌더에서 제공하는 기본 텍스처로 흰색과 어두운 영역을 가지고 있습니다. Displace Modifier와 함께 사용하여 오브젝트의 형상을 왜곡할 수 있습니다.

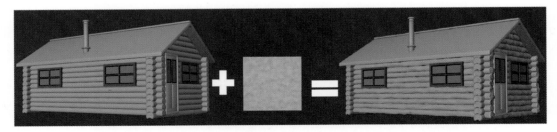

그림 3.23 – Cloud 텍스처를 통나무집 모델에 Height 맵으로 적용

Displace Modifier의 작동 방식을 더 잘 이해하기 위해 핀 벽(Pin Wall)을 생각해 봅시다.

그림 3.24 – 핀 벽

벽을 통해 넣은 객체는 Displacement 맵으로 검은색 영역은 들어가고 흰색 영역은 평평하게 유지됩니다. 여기서 핀이 많을수록 물체가 더 선명해집니다.

이것이 우리가 나무 형상을 Subdivide(세분화)해야 하는 이유입니다.

1 Ctrl + E를 누르고 **Subdivide**를 선택합니다. Ctrl + R을 사용하여 선을 추가한 다음 마우스 휠을 10~15번 스크롤하여 여러 선으로 증가시킬 수 있습니다.

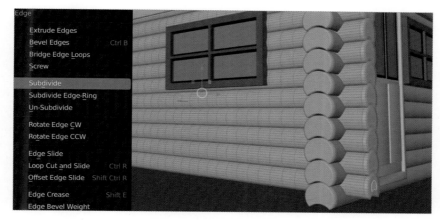

그림 3.25 – 통나무집의 Subdivide

이제 통나무집에 Displace Modifier를 추가해 보겠습니다. Displace Modifier는 텍스처의 강도에 따라 Mesh의 버텍스들을 이동시킵니다.

2 Modifier를 적용하려는 통나무집 벽을 선택했는지 확인합니다. 오른쪽 탭에 렌치 아이콘을 클릭하고 **Displace**를 선택합니다.

그림 3.26 –
통나무집에 Displace Modifier 추가

다음 단계는 Displace Modifier와 함께 사용할 Cloud 텍스처를 만드는 것입니다.

3 Texture Properties(체커보드 아이콘)를 클릭하고 New를 선택한 다음 Type을 Clouds로 선
택합니다.

그림 3.27– Displace modifier에서 강도를 낮춰가며 Cloud 텍스처 사용

4 적절한 효과가 나타날 때까지 Displace Modifier의 Strength를 0.1에서 0.5 사이의 값으로 변
경합니다. 결과는 다음과 같아야 합니다.

그림 3.28 – 언랩과 텍스처 처리한 통나무집의 최종 렌더링

| 요약

이 장에서는 통나무집을 언랩하고 블렌더에서 텍스처링하는 과정을 거쳤습니다. 우리는 한 장면에서 다른 장면으로 재질을 가져오는 방법을 배우는 것부터 시작하여 UV 맵핑이 작동하는 방식을 이해했습니다. Displace Modifier를 사용하여 나무 형상에 무작위의 세부 정보를 추가했습니다.

이 장에서 배운 기술을 사용하여 성공적으로 3D 객체를 언랩하고, 해당 3D 객체에 재질을 할당하였습니다. 전체 장면에 맞도록 재질 노드를 조정하고 Displace를 적용하여 3D 객체를 사실적으로 보이도록 하였습니다.

다음 장에서는 통나무집의 주변 환경에 초점을 맞출 것입니다. 우리는 사실적이고 자연스러운 식물과 나무를 만드는 방법을 배우고 Particle System을 사용하여 통나무집 주변에 식물을 무작위로 뿌려 자연환경을 풍부하게 하는 방법을 배울 것입니다.

4장

사실적인
자연 식물 제작하기

:

이 장에서는 블렌더에서 다양한 식물과 잎으로 사실적인 자연 장면을 만드는 방법을 배웁니다.
환경에서 다양한 유형의 식물을 모델링하고 텍스처링하고 배치하는 방법을 배웁니다. 또한, 입
자 시스템을 사용하여 장면에 무작위로 식물을 생성하는 방법을 배웁니다.

이 장에서는 다음 주제를 다룰 것입니다.

- 사실적인 지형 모델링(사실적인 지형 텍스처링)
- 식물과 잎 만들기

| 기술 요구 사항

이 장은 블렌더 버전 3.0 이상을 실행할 수 있는 Mac 또는 PC가 필요합니다. GitHub에서
이 장의 리소스를 다운로드할 수 있습니다.

https://github.com/PacktPublishing/3D-Environment-Design-with-Blender/
tree/main/chapter-4

| 사실적인 지형 모델링

사실적인 지형을 만들려면 다음 단계를 따르도록 합니다.

1 3D 뷰포트에서 [Shift] + [A]를 눌러 통나무집 아래에 **Plane**을 추가하고 **Edit** 모드에서 [S]를 누
   르며 동시에 10을 입력하여 크기를 10배로 조정합니다.

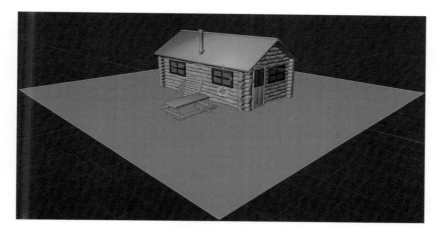

그림 4.1 – 통나무집 아래에 Plane 만들기

땅이 완전히 평평해 보이므로 완벽함을 깨기 위해 땅에 굴곡을 추가할 수 있습니다. 아시다시 피 자연에는 완벽하게 평평한 땅이 없습니다.

2 땅을 선택하고 **Edit** 모드로 전환한 다음 Ctrl + E 를 누르고 **Subdivide**를 선택합니다.

3 왼쪽 아래에 **Subdivide** 탭이 있습니다. **Number of Cuts**을 25로 늘립니다.

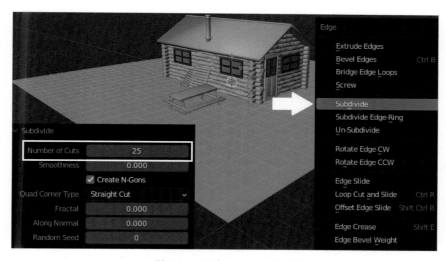

그림 4.2 – 25번 Subdivide한 지형

4 3D 뷰포트의 중앙 상단 표시줄에 있는 **Proportional Editing** 도구를 사용해 보겠습니다. 원으로 둘러싸인 점 아이콘을 클릭하여 활성화합니다. 또한, 사용 중인 모드가 **Smooth**인지 확인합니다.

그림 4.3 –
Proportional Editing 도구 활성화

이제 지형에서 세 개의 임의 지점을 선택하고 높이면 지형에 멋진 언덕이 만들어지는 것을 볼 수 있습니다. 마우스를 위아래로 스크롤하여 중앙에 나타나는 원의 크기를 변경되며 선택한 것 주변의 버텍스 수에 영향을 줍니다.

Note Sharp 및 Linear와 같은 다른 모드를 시도하면서 지오메트리에 미치는 영향을 확인하는 것이 좋습니다.

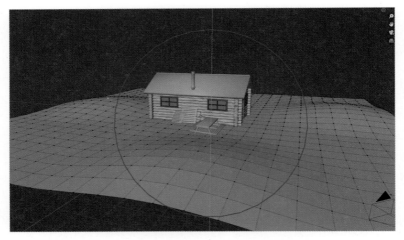

그림 4.4 – Proportional Editing 도구를 사용하여 지형에 언덕 추가

여기서 목표는 평평한 땅의 인공적인 느낌을 무너뜨려서 더 이상 100% 평평하지 않게 만드는 것입니다. 이제 우리 환경을 풍요롭게 채워줄 식물과 잎사귀를 만들어 보겠습니다.

식물과 잎 만들기

이 작업을 수행하는 방법을 살펴보겠습니다.

1 식물을 만들려면 먼저 사용할 수 있는 레퍼런스 잎 그림을 다음 주소에서 받아야 합니다.

   https://github.com/PacktPublishing/3D-Environment-Design-with-Blender/blob/
   main/chapter-4/Resource-4.1-Leaf-Texture.jpg

   그리고 그림을 3D 뷰포트로 끌어다 놓으면 평면 이미지로 볼 수 있습니다.

2 N을 눌러 **Transform**을 오른쪽에 표시합니다.

3 X, Y 및 Z축의 **Location**과 **Rotation**을 0으로 설정하여 그림을 블렌더 격자에 맞춰 놓습니다.

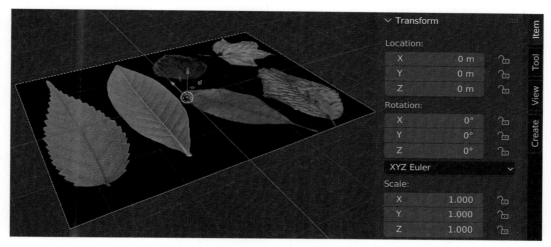

그림 4.5 – 잎사귀 참조 그림들.

녹색 잎 만들기

이제 녹색 잎을 만들어 보겠습니다.

1 상단 보기로 전환하려면 숫자 키패
   드에서 7을 누릅니다.

2 Plane을 만들어 나뭇잎 위에 놓습
   니다.

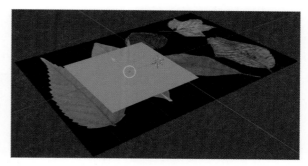

그림 4.6 – 잎 그림 위에 Plane 배치

3 Plane을 선택하고 `Tab`을 눌러 **Edit** 모드로 이동한 다음 `Ctrl` + `R`을 사용하여 5개의 선을 추가합니다.

그림 4.7 – Plane에 5개의 선 추가하기

4 숫자 키패드 `7`을 눌러 상단 보기로 이동한 다음 Plane 버텍스를 레퍼런스 잎 그림 모양에 맞춥니다.

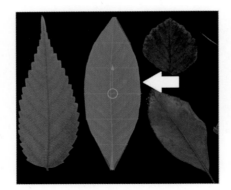
그림 4.8 – 참조 잎 그림에 Plane 맞추기

5 중간 잎맥을 만들려면 `Ctrl` + `R`을 사용하여 세 개의 수직 선을 Plane에 추가합니다.

그림 4.9 – Plane 내부에 세 개의 선 삽입하기

6 평평한 잎의 모양에 곡면을 주기 위해 중심을 기준
으로 좌우 선의 버텍스들을 선택합니다.

그림 4.10 – 버텍스 선택하기

7 다음 그림에 표시된 버텍스들을 선택하고 위로 이동시키면 잎 모양처럼 됩니다.

그림 4.11 – 나뭇잎 모양 만들기

완벽한 결과를 얻기 위해 이전에 바닥에 사용한 **Proportional Editing** 도구를 사용하여 잎사
귀를 휘어봅시다.

잎의 마지막 점을 선택하고 X축을 중심으로 회전합니다. 여기서 사용한 회전 각도는 40도입
니다. 결과는 다음과 같습니다.

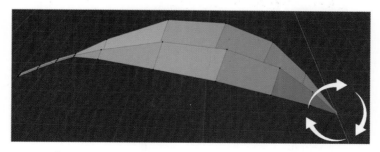

그림 4.12 – Proportional Editing 도구를 사용하여 잎 모양 구부리기

Proportional Editing를 사용하여 잎을 회전시키는 이 방법은 완벽하게 유기적인 잎 모양을 얻습니다. 수동으로 수행하면 시간이 걸리고 정확하지 않습니다. 이제 잎에 세부 정보를 추가해 보겠습니다.

잎에 Subdivision Modifier 적용

잎은 버텍스 수가 매우 적기 때문에 여전히 보기 좋지 않습니다. 더 부드럽고 사실적으로 보이도록 Subdivision modifier를 추가해야 합니다. 이를 수행하는 단계를 살펴보겠습니다.

1 잎을 선택합니다.

2 우측 창에 렌치 아이콘으로 표시되는 **Modifier** 라이브러리로 이동합니다.

3 **Add Modifier**를 클릭하고 **Subdivision Surface**를 선택합니다.

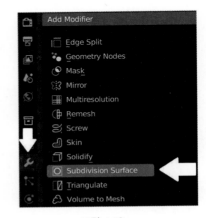

그림 4.13 –
Subdivision Surface Modifier 추가

Subdivision Surface는 Mesh의 면을 더 작은 면으로 분할하여 매끄러운 모양을 만드는 데 사용됩니다. 하지만 이 기능은 객체의 버텍스 수를 기하급수적으로 늘리기 때문에 주의해야 합니다. 나중에 우리는 식물을 수백 개 산란 배치하게 될 것이므로 이는 블렌더의 성능에 큰 영향을 미칠 것입니다. 그래서 **Levels Viewport**와 **Render** 모두에 대해 수를 1로 설정했습니다.

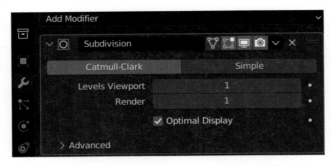

그림 4.14 – Subdivision Surface Modifier 설정

4 마지막 단계는 잎 표면의 음영을 매끄럽게 처리하는 것입니다. 지금까지는 선들이 날카롭게 보였습니다. 나뭇잎을 선택한 다음 마우스 오른쪽 버튼을 클릭하고 **Shade Smooth**를 선택합니다.

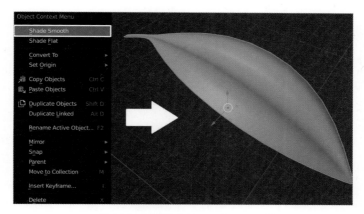

그림 4.15 – 나뭇잎에 Shade Smooth 적용

나뭇잎의 모양을 만들었으니 이제 텍스처를 적용해 보겠습니다.

잎 텍스처링

나뭇잎에 텍스처를 적용하는 단계를 살펴보겠습니다.

1 잎을 선택하고 **Material Properties**로 이동하여 새 재질 **Leaf**를 추가합니다.

2 하단 창을 **Shader Editor**로 전환합니다. 우리가 만든 Leaf 재질과 관련된 **Principled BSDF** 노드를 찾을 수 있습니다. 이전에 참조로 사용했던 Leaf 텍스처를 끌어다 놓고 **Base Color** 슬롯에 연결합니다.

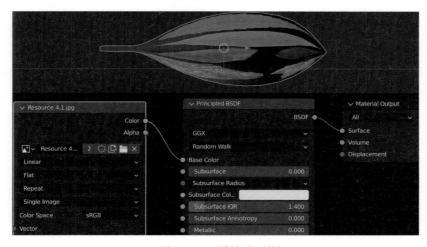

그림 4.16 – 나뭇잎 텍스처링

3 잎이 제대로 보이지 않으므로 다음 단계는 잎의 UV를 수정하는 것입니다. 아래쪽 창을 **Shader Editor**에서 **UV Editor**로 전환합니다.

4 나뭇잎의 맨 위에 있는지 확인합니다. 상단 보기로 전환하려면 ⁊을 누릅니다.

5 잎을 선택하고 Tab을 눌러 **Edit** 모드로 전환합니다.

6 U를 누르고 보기에서 **Project from View**를 선택합니다.

Project from View은 3D 뷰에서 시점 그대로 Mesh의 UV를 펼치는 맵핑 기술입니다. 그러므로 잎의 UV를 완전히 덮으려면 상단 보기 시점에서 해야 합니다. UV를 펼친 후 UV 편집기에 있는 잎 버텍스를 잎 참조 그림에 배치해야 합니다. 잎 텍스처와 일치되도록 UV 버텍스를 자유롭게 조정합니다.

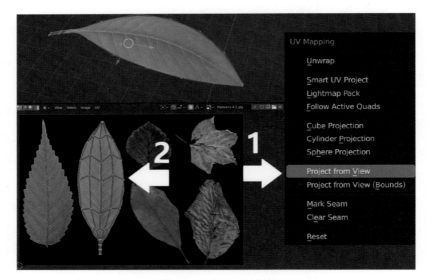

그림 4.17 – 잎 UV 언랩하기

7 다음으로, 우리는 이전에 나무와 금속과 같은 재질에서 했던 것과 같은 잎 재질의 **Roughness**와 **bump**를 조정해야 합니다. 잎 재질의 노드 설정은 다음과 같습니다.

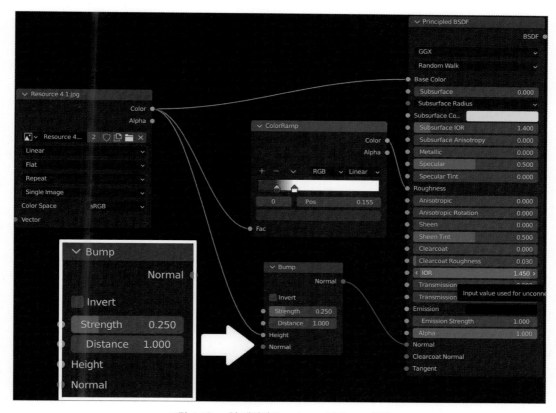

그림 4.18 – 잎 재질의 Roughness와 Bump 조정

Roughness와 bump를 적용한 후 잎 모양은 다음과 같습니다.

그림 4.19 – 잎의 최종 결과

이제 식물의 줄기를 만들어 보도록 합니다. 이것은 원통 형상을 하고 있습니다.

1 Shift + A 를 눌러 Cylinder(원통) Mesh를 만듭니다.

2 3D 뷰포트의 왼쪽 아래 탭에서 Vertices를 8개로 줄입니다.

3 Radius를 0.004m(4mm)로 설정하고 Depth를 0.4m(40cm)로 설정합니다.

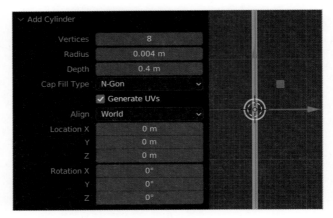

그림 4.20 – 식물의 줄기 만들기

4 원통을 선택하고 편집 모드로 전환한 다음 Ctrl + R 을 눌러 수평선들을 추가합니다. 최대 5개
의 선을 삽입할 수 있습니다. 객체의 폴리곤 수를 낮게 유지해야 합니다.

5 Proportional Editing 도구를 활성화하면서 원통의 상단을 축소합니다. 자연 상태의 식물 줄기
는 위쪽으로 갈수록 좁아집니다. X축과 Y축에서만 상단을 축소해야 합니다. 이렇게 하려면 S
+ Shift + Z 를 누릅니다. 이렇게 하면 Z축에서 크기 조정이 제외됩니다.

6 Sharp 모드가 적용된 Proportional Editing 도구를 활성화하여 줄기의 상단을 옆으로 약간 이
동합니다. 이렇게 하면 나머지 선들이 부드럽게 따라갈 수 있습니다.

그림 4.21 – Sharp Proportional Editing 도구 활성화

이 과정을 세 단계로 나누면 다음과 같습니다.

그림 4.22 – 식물의 줄기를 만드는 세 단계

이제 잎을 줄기에 연결해 보겠습니다.

1 처음 만든 기본 잎을 6개로 복제하여 줄기 하단에 무작위로 배치합니다. 줄기에 연결되어야 합
니다.

2 올라갈수록 더 많은 잎사귀를 추가합니다.

3 위로 갈수록 나뭇잎의 크기를 줄입니다.

그림 4.23 – 잎을 줄기에 연결하기

식물의 최종 모양은 그림 4.24와 같습니다.

그림 4.24 – 식물의 형태 마무리

식물, 잎, 줄기의 모든 부분을 하나의 객체로 결합해야 합니다. 그렇게 하려면 모든 부분을 선택하고 Ctrl + J 를 눌러 합쳐주도록 합니다.

두 번째 유형의 식물 만들기

같은 잎 참조를 사용하여 모양이 다른 두 번째 녹색 잎을 만듭니다. 이번에는 물결 모양의 형태를 가지고 있으며 이전 것보다 좀 더 깁니다. 우리는 두 식물 사이에 모양의 차별화가 필요합니다.

따라서 이전 잎에서 수행한 것과 같은 단계를 반복하여 새 잎을 만듭니다. 원하는 대로 모양을 자유롭게 변경할 수 있습니다.

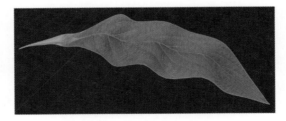

그림 4.25 – 다른 유형의 잎 생성

모든 잎의 중심은 같습니다. 이전 식물과 달리 이번 식물은 줄기가 없어 만들기가 더 쉬울 것입니다. 두 번째 식물은 이렇게 생겼습니다.

그림 4.26 – 나뭇잎을 중심에 연결하기

우리는 X축에서 축소하여 잎을 더 좁게 만든 다음 위로 확장하여 잔디를 만들 수 있습니다. 그런 다음 Proportional Editing 도구를 사용하여 물결 모양으로 만들 수 있습니다.

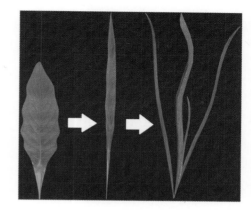

그림 4.27 – 잎의 X축을 축소

마지막 단계는 마른 잎을 만드는 것입니다. 참조 그림을 다시 사용하고 다른 잎과 같은 단계를 수행하여 마른 잎을 만듭니다.

마른 잎 만들기

모델링할 때 버텍스 수를 가능한 한 낮게 유지해야 합니다. 이 죽은 잎은 땅에 던져진 작은 물체가 될 것입니다.

그림 4.28 – 마른 잎 만들기

이제 우리는 식물과 잎을 만들었으므로 계속해서 땅에 질감을 줍니다.

| 사실적인 지형 텍스처링

다음 GitHub 링크에서 사용할 수 있는 숲 텍스처를 사용하여 지형에 텍스처를 적용해 보겠습니다.

https://github.com/PacktPublishing/3D-Environment-Design-with-Blender/
blob/main/chapter-4/Resource-4.2-Ground-Texture.jpg

단계는 다음과 같습니다.

1 이전에 만든 지형을 선택합니다.

2 새로운 재질을 추가합니다.

3 지형 텍스처를 **Shader Editor**에 끌어다 놓습니다.

4 **Base Color** 슬롯에 연결합니다.

그림 4.29 – 지형 텍스처링

5 보시다시피 텍스처 크기가 작습니다. 규모를 키워야 합니다. 이를 위해 **Mapping** 및 **Texture Coordinates** 노드를 추가하고 이를 **Ground Texture** 노드에 연결해 보겠습니다. 텍스처의 **X** 및 **Y** 스케일을 5로 설정했습니다.

6 강도가 0.250인 **Bump** 노드를 추가하고 **ColorRamp** 노드를 추가하여 재질의 **Roughness**를 조정합니다. 노드 설정은 다음과 같아야 합니다.

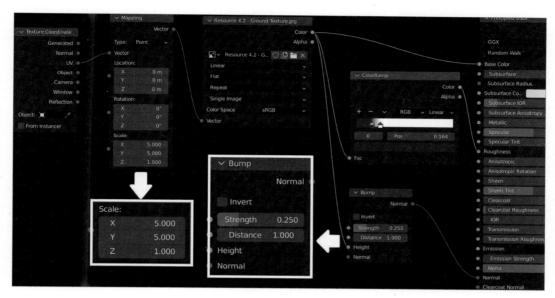

그림 4.30 – 지형 재질 설정 조정

또한, 바닥 재질을 더 보기 좋게 만드는 멋진 기법을 알려드리겠습니다. **Shader Editor**에서 Shift + A 를 사용하여 Bright/Contrast라는 노드를 검색해 보겠습니다.

7 다음으로 지형 텍스처와 **Base Color** 노드 사이에 놓고 **Bright** 값을 −0.200으로 설정합니다.

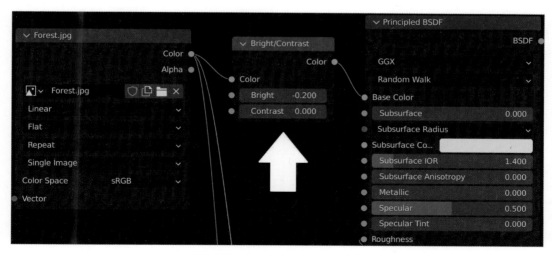

그림 4.31 – Bright/Contrast 노드 추가

다음 그림은 밝기를 적용하기 전과 후의 지형 모습입니다.

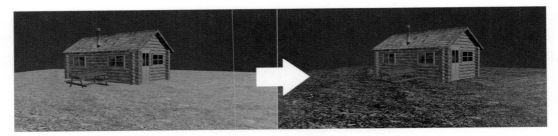

그림 4.32 – 지형에 적용된 Bright/Contrast 노드의 효과

색상이 더 선명하고 장면에 더 잘 맞는 것을 볼 수 있습니다.

입자(Particle) 시스템을 사용하여 장면에 식물과 나뭇잎 뿌리기

이제 식물과 잎이 생겼으니 다음 단계는 그것들을 지형 전체에 뿌리는 것입니다. 식물을 복제해서 크기를 조정하고 회전시켜 다르게 보이도록 수동으로 할 수 있지만 이 방법은 많은 시간과 노력이 필요하고 효율적이지 않습니다.

다행히도 블렌더에서 Particle System을 사용하는 더 좋은 방법이 있습니다. 표면에 객체를 분산시키는 데 사용됩니다. 이 예에서는 식물과 나뭇잎을 뿌릴 것입니다.

1 입자를 방출할 객체인 지형을 선택합니다.

2 **Particle Properties**로 이동합니다.

3 **+**아이콘을 눌러 새 Particle System을 추가합니다.

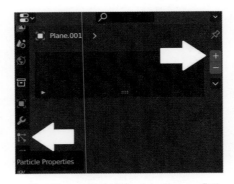

그림 4.33 – 지형에 새 Particle System 추가

그림 4.34의 왼쪽과 같이 작은 구체가 땅 전체에 흩어져 있는 것을 볼 수 있습니다. 이것은 방사체(Emitter) 입자 유형입니다.

방사체 입자는 역장(Force Field)의 영향을 받을 수 있는 자유 입자입니다. 중력에 의해 아래로 끌리고 바람이 불면 밀려납니다. 이 유형의 입자는 금속의 마찰 스파크를 표현하는 데 사용할 수 있습니다.

이번 예에서는 지형에 부착되어야 하는 털과 같은 모양을 가진 입자가 필요합니다. 이것이 우리가 Hair라는 두 번째 유형의 입자를 사용하는 이유입니다.

그림 4.34 – Particle System 유형을 Emitter에서 Hair로 전환

따라서 입자 유형을 Emitter에서 Hair로 전환하고 Advanced 확인 상자를 선택합니다.

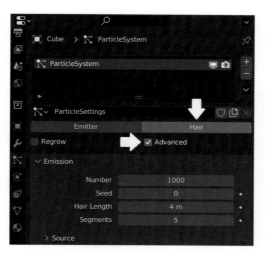

그림 4.35 – Particle System 유형을 Emitter에서 Hair로 전환하고 Advanced 옵션 확인

이제 헤어 입자를 우리가 식물 객체로 대체해야 합니다. 그렇게 하려면 다음 단계를 따르도록 합니다.

1 Particle Properties 내에서 Render 탭까지 아래로 스크롤 합니다.

2 Render As를 Path에서 Object로 변경합니다.

3 다음으로 Object 탭이 표시되고 그 아래에 Instance Object가 있습니다. 여기에서 헤어 입자를 대체할 객체를 선택합니다.

4 Instance Object를 클릭하고 앞에서 생성한 식물 객체를 선택합니다.

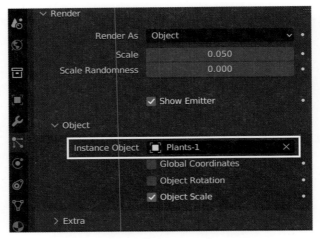

그림 4.36 – Plants-1 객체를 인스턴스 객체로 사용

이제 헤어 입자가 땅 전체에 흩어져 있는 식물로 대체된 것을 볼 수 있습니다.

그림 4.37 – 통나무집 장면에 식물 분산시키기

식물의 방향부터 시작하여 입자 설정을 조정해야 합니다. 현재 식물들은 마치 땅에 눕혀진 것처럼 보이므로 똑바로 세워야 합니다. 그렇게 하려면 다음 단계를 따르도록 합니다.

1 **Particle Properties**로 돌아가 **Rotation** 탭을 찾습니다. 회전 설정에 접근하려면 확인 상자를 선택합니다.

2 변경할 첫 번째 설정은 **Orientation Axis**(방향 축)입니다. **Velocity/Hair**에서 **Global Y**로 변경합니다.

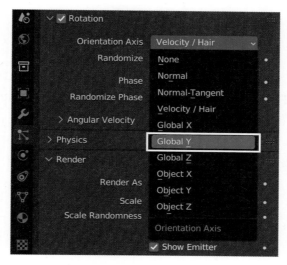

그림 4.38 – 방향 축을 GlobalY로 전환

3 이제 다음 그림과 같이 식물이 똑바로 서 있어야 합니다. 만약 잘 안된다면 **Global X** 또는 **Global Z**와 같은 다른 축을 시도합니다.

그림 4.39 – 식물 방향을 수평에서 수직으로 변경

4 다음으로 식물의 크기를 수정해야 합니다. 그렇게 하려면 **Render** 탭으로 이동합니다. **Scale** 값을 찾을 수 있습니다. 식물 크기가 적당해 보일 때까지 더 작은 값으로 줄입니다. 필자의 경우에는 0.01이 적절해 보였습니다.

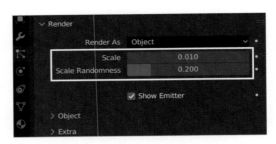

그림 4.40 – 입자 크기 및 크기 임의성 값 조정

5 다음 설정은 **Scale Randomness**입니다. 아시다시피 자연에서 정확히 같은 크기의 두 객체를 갖는 것은 거의 불가능하므로 이 기능은 사실감을 더하는 훌륭한 설정입니다.

블렌더에서 기본적으로 Scale Randomness는 0으로 설정되어 있으며 이는 식물들의 크기가 같음을 의미합니다. Scale Randomness는 식물이 무작위의 크기를 가지도록 합니다. Scale Randomness를 더 낮은 값(예: 0.25)으로 설정하면 다음과 같은 결과가 나타납니다.

그림 4.41 – 통나무집 장면에서 식물 입자의 크기를 무작위화

모든 식물이 같은 회전 방향을 하고 있음을 알 수 있습니다. 식물의 회전을 무작위로 지정해야 합니다.

1 **Rotation** 탭으로 이동합니다.

2 **Orientation Axis** 아래에 **Randomize** 탭이 있습니다. 0.100과 같은 작은 값으로 설정합니다.

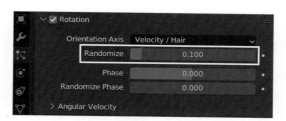

그림 4.42 – Randomize 값을 0.1로 설정

식물의 회전을 무작위화함으로써 달라진 점을 볼 수 있습니다.

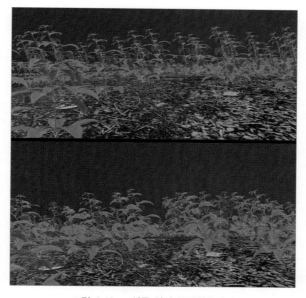

그림 4.43 – 식물 입자 무작위화하기

식물의 수를 늘리거나 줄이려면 Emission 탭으로 이동하여 Number 값을 변경할 수 있습니다. 이 숫자는 성능에 큰 영향을 미치며 높게 설정하면 느려짐이 발생할 수 있습니다.

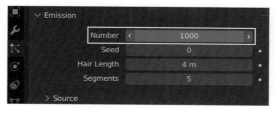

그림 4.44 – 입자 수를 1000으로 설정

두 번째 유형의 식물 추가

이제 첫 번째 식물 유형을 추가했으므로 두 번째 유형을 추가해 보겠습니다.

1 과정은 단순합니다. 우리는 새로운 Particle System을 만들 것입니다.

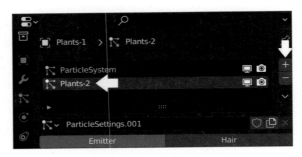

그림 4.45 – 두 번째 유형의 식물에 대한 새 Particle System 추가

2 이전에 그림 4.36에서 했던 것과 같이 **Instance Object**를 다른 유형의 식물로 교체해 보겠습니다. 균형 잡힌 자연스러운 장면을 얻을 때까지 각 식물과 잎사귀에 대해 새 Particle System을 만들고 설정을 조정해야 합니다.

3 마지막 단계는 나무와 가지 객체를 추가하는 것입니다.

해당 애셋을 받는 곳은 다음과 같습니다.

https://github.com/PacktPublishing/3D-Environment-Design-with-Blender/blob/main/chapter-4/Wood%20Cabin%20Resources.zip.

3장의 그림 3.1에서 언급한 모델을 **Append**로 다른 장면에 추가하는 방법을 적용합니다.

그림 4.46 – 3D 뷰포트에서 통나무집 장면 렌더링

| 요약

이 장의 첫 부분에서는 통나무집 아래에 사실적인 땅을 만들고 Proportional Editing 도구를 사용하여 땅에 멋지게 굴곡을 추가하는 방법을 배웠습니다. 그런 다음 다양한 유형의 식물과 잎을 만들고, 언랩을 하며, 텍스처링하는 과정을 거쳤습니다.

다음으로 Particle System을 사용하여 표면에 객체를 분산시키는 방법을 배웠습니다. 이 경우 우리는 땅 전체에 식물과 잎을 분산 배치하였습니다. 우리는 식물의 크기와 회전을 무작위화하고 수량을 제어하는 방법을 배웠습니다.

이 장에서는 블렌더에서 다양한 식물과 잎으로 사실적인 자연 장면을 만드는 방법을 배웠습니다. 또한, 환경에서 다양한 유형의 식물을 모델링하고 텍스처링하고 배치하는 방법도 배웠습니다.

블렌더에서 Particle System을 사용하여 장면에 임의의 식물을 생성하는 방법을 살펴보았습니다. 다음 장에서는 블렌더에서 더 나은 조명을 설정 방법을 배웁니다. 우리는 통나무집에 사실적인 조명을 적용하는 세 가지 다른 방법을 살펴볼 것입니다.

5장

사실적인
환경 조명 구현하기

:

조명은 모든 3D 프로젝트를 완성하거나 망칠 수 있습니다. 이 장에서는 블렌더 조명의 기본 사항을 살펴보겠습니다. 우리는 통나무집 씬에 사실적인 조명을 적용하는 세 가지 다른 방법과 조명의 다양한 속성 및 구성 방법을 살펴볼 것입니다.

이 장의 목표는 우리가 사용하고 있는 통나무집 씬에서 보이는 색상, 방향 및 강도와 일치하는 사실적인 조명을 구현하는 것입니다.

먼저 세 가지 블렌더 렌더링 엔진을 분석하여 이들 간의 차이점과 사실주의를 달성하는 데 있어 각 엔진이 수행하는 역할을 이해합니다.

그런 다음 태양을 사용하여 켈빈 온도를 기반으로 사실적인 조명을 발산하고 장면에 배경을 추가한 다음 렌더링하는 방법을 배웁니다. 또한, 블렌더 **Sky Texture** 노드를 사용하여 환경을 비추고 마지막으로 **HDRI** 맵을 사용하여 사실적인 조명을 구현하는 방법을 보여줄 것입니다.

이 장에서는 다음 주제를 다룰 것입니다.

- 블렌더의 세 가지 렌더 엔진 간의 차이점
- 태양을 사용하여 사실적인 조명 방출
- 블렌더 Sky Texture 노드를 사용하여 환경 조명
- 전등 객체로 통나무집 조명하기

┃ 기술 요구 사항

이 장은 블렌더 버전 3.0 이상을 실행할 수 있는 Mac 또는 PC가 필요합니다. GitHub에서 이 장의 리소스를 다운로드할 수 있습니다.

https://github.com/PacktPublishing/3D-Environment-Design-with-Blender/
tree/main/chapter-5

| 블렌더의 세 가지 렌더 엔진 간의 차이점

렌더링은 3D 장면을 2D 그림으로 바꾸는 과정입니다. 블렌더에는 사용할 수 있는 세 가지 렌더링 엔진이 포함되어 있으며 각각 고유한 강점과 약점이 있습니다.

그림 5.1 – 블렌더 렌더링 엔진

Eevee 렌더링 엔진

Eevee는 실시간 렌더러입니다. 장면을 정말 빠르게 렌더링하기 위해 영리하고 빠른 기법을 사용하지만, 일부 사실성을 왜곡합니다. 사실성이 중요하지 않은 경우 이 엔진을 사용해야 합니다.

Workbench 렌더 엔진

Workbench 렌더 엔진은 빠른 렌더링에 최적화된 모델링 미리보기 렌더링 엔진입니다. 이 엔진은 3D 뷰포트의 솔리드 모드와 유사한 그림을 렌더링합니다. 최종 그림을 렌더링하기 위한 것이 아닙니다. 개인적으로 Solid 모드에서 훨씬 빠르게 애니메이션을 렌더링할 수 있도록 도와주기 때문에 애니메이션을 만들 때 이 엔진을 사용합니다. 이를 통해 Cycles 엔진에서 애니메이션을 렌더링하는 데 시간을 소비하지 않고도 애니메이션의 흐름을 확인할 수 있습니다.

Cycles 렌더 엔진

Cycles는 지정된 카메라의 각 픽셀에서 나오는 광선을 장면으로 추적하여 작동합니다. 그런 광선은 광원에 닿거나 **Light Paths**에서 정의한 반사 한계에 도달할 때까지 물체에 의해 반사 및 흡수됩니다.

Cycles는 픽셀의 여러 광선 또는 샘플을 사용하고 결과를 천천히 계산합니다. 정확성 측면에서 진정한 사실주의에 가장 근접합니다. 그러나 이 과정은 렌더링 시간이 오래 걸립니다. Cycles는 광선 추적 엔진입니다. 장면을 렌더링할 때 블렌더는 카메라에서 광선을 보내고 광선이 반사 표면에 닿으면 광원에 도달할 때까지 과정을 반복합니다. 그림자, 거울, 광택 반사 및 굴절을 포함한 다양한 효과를 계산합니다.

이러한 경로 추적방식의 단점은 노이즈입니다. 더 많은 경로가 누적되면 노이즈가 감소하므로 Cycles를 사용할 때 **Denoise**를 선택해야 합니다. 우리는 프로젝트에서 Cycles 렌더 엔진을 많이 사용할 것입니다.

다음으로 장면에 조명을 추가하기 위해 따라야 할 첫 번째 방법을 살펴보겠습니다.

| 태양을 사용하여 사실적인 조명 설정하기

장면에 조명을 추가하기 위해 사용할 첫 번째 방법은 태양 광원을 만드는 것입니다. 따라서 다음 단계를 사용하여 추가해 보겠습니다.

1 3D 뷰포트에서 `Shift` + `A`를 누릅니다.

2 **Light** 탭으로 이동하여 **Sun**을 선택합니다.

그림 5.2 – 장면에 태양 추가

Note 이 조명 방법은 Eevee와 Cycle 엔진 모두에서 잘 작동하지만, Cycles 렌더링 엔진으로 설정되어 있는지 확인합니다.

3 이제 조명이 어떻게 보이는지 확인하기 위해 음영 모드를 **Rendered**로 전환해 보겠습니다.

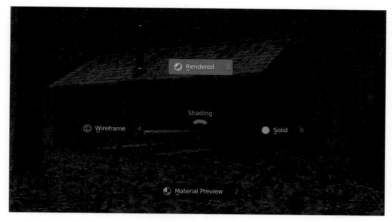

그림 5.3 – Rendered 보기로 전환

4. 현재 조명이 어둡고, 차갑게 보이기 때문에 조정해야 할 첫 번째 설정은 태양광의 강도입니다.

5. Sun 객체를 선택하고 **Object Data Properties** 창으로 이동합니다. 전구 아이콘을 클릭하고 기본값 1로 설정된 **Strength** 값을 10으로 늘립니다.

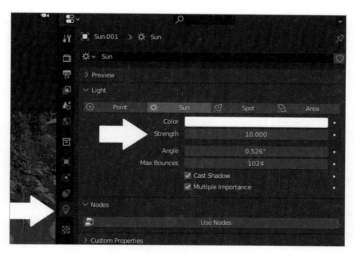

그림 5.4 – 태양광의 강도 조정

6 이제 음영 모드를 Rendered로 한 번 더 전환하여 태양 강도를 10배 증가시킨 조명 효과를 확인합니다.

그림 5.5 – Rendered 보기로 전환

훨씬 나아지고 있습니다. 이제 통나무집 레퍼런스 이마지의 조명과 일치하도록 태양의 회전을 조정해야 합니다.

7 **Sun** 객체를 선택하고 N을 눌러 **Transform** 패널에 접근합니다.

8 Y축의 **Rotation**을 **−30°**로 변경합니다.

9 Z축 회전을 **50°**로 설정합니다.

렌더링 모드를 다시 확인하여 결과를 확인합니다.

그림 5.6 – 태양을 Y축과 Z축으로 회전

그러나 여기서 우리는 통나무집에 드리워진 그림자가 너무 날카롭다는 것을 알 수 있습니다. 통나무집 참조 그림과 같도록 조명을 약간 부드럽게 조정하도록 합니다.

Sun 객체를 선택하고 **Object Data Properties** 창에서 **Angle**(각도)을 더 높은 숫자로 늘립니다. 60도가 적당합니다. 이렇게 하면 통나무집 주변의 그림자 강도가 감소합니다.

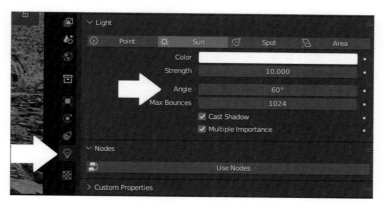

그림 5.7 – 태양 그림자 각도 조정

이제 조명은 다음과 같이 보이게 됩니다.

그림 5.8 – 뷰포트에서 렌더링된 장면

이제 조명이 참조 그림과 비슷하게 보이기 시작했지만, 여전히 100% 정확하지 않은 이유는 햇빛의 색상이 다르기 때문입니다. 태양 광선은 지구의 대기를 통과할 때 노란색을 띠므로 Base Color로 설정된 흰색은 비현실적이라 할 수 있습니다. 따라서 따뜻한 색상으로 변경해 보겠습니다.

그림 5.9 – 수동으로 태양광 색상 변경

보시다시피 태양 색상을 수동으로 조정할 수 있지만 이는 올바른 방법이 아닙니다. 왜냐하면 실제처럼 정확하게 만들 수는 없기 때문입니다. 이 문제를 해결하기 위해 켈빈 단위를 소개하겠습니다.

Kelvin(켈빈) 단위

켈빈 단위는 사실적인 자연광 방출을 생성하는 데 사용할 수 있는 온도 단위입니다. 다음 도표에서 볼 수 있듯이 태양의 켈빈 값을 5500으로 설정하면 주간의 태양광이 방출됩니다.

하지만 이 단위를 태양과 함께 어떻게 사용할 수 있을까요? 여기에서 Blackbody 노드가 작동합니다.

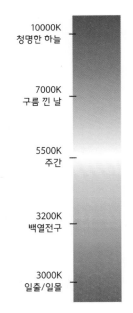

그림 5.10 – 켈빈 온도 단위

Blackbody 노드를 사용하여 태양에 켈빈 온도 단위 적용

Blackbody 노드는 Kelvin 온도 값을 RGB 값으로 변환합니다. 다음을 수행하여 태양에 적용합니다.

1 **Sun** 객체를 선택하고 **Object Data Properties** 창으로 이동합니다.

2 **Use Nodes**를 클릭합니다.

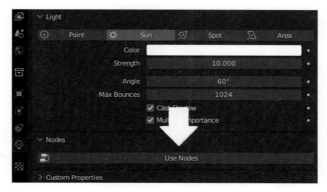

그림 5.11 – Sun 객체에 노드 추가

3 **Nodes** 탭이 나타나면 **Color** 설정 옆에 작은 노란색 점을 클릭합니다.

그림 5.12 – Sun 객체의 색상 노드 조정

4 이제 큰 메뉴에 접근할 수 있습니다. 메뉴 오른쪽에 **Blackbody** 노드를 클릭하면 Sun 객체에 추가됩니다.

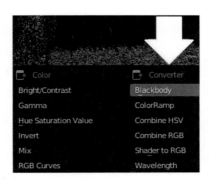

그림 5.13 – Sun 객체에 Blackbody 노드 추가

5 이제 **Temperature** 설정이 표시되며 여기에서 켈빈 단위를 사용합니다. 참조 그림을 기반으로 주간 태양 온도인 5500K를 사용하겠습니다.

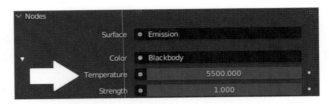

그림 5.14 – 태양 객체의 Blackbody Temperature 값 조정

6 이제 **Rendered** 모드로 이동하면 완벽하게 사실적인 조명을 볼 수 있습니다.

그림 5.15 – Sun 객체에 Blackbody 노드가 적용된 장면 렌더링

이제 조명이 제대로 설정되었으므로 렌더링된 장면의 뒷 배경을 채워야 합니다. 다음 단계는 합성 모드에서 수행할 배경 작업이지만 그 전에 장면을 렌더링해야 합니다. 이를 위해 Cycles 렌더링 엔진을 사용할 것입니다. 앞으로 우리 프로젝트에서 주로 사용할 것입니다.

장면 렌더링하기

장면을 렌더링하기 전에 몇 가지 렌더링 설정을 확인해야 합니다. 따라서 카메라 아이콘으로 표시되는 **Render Properties** 탭으로 이동하여 다음 단계를 따라 합니다.

1 최대의 사실감을 얻으려면 먼저 **Cycles** 렌더 엔진을 선택해야 합니다. 이 엔진을 통해 빛이 더 사실적으로 작동합니다.

2 다음 그림의 렌더링 탭에서 최대 샘플 설정을 찾을 수 있습니다.

샘플은 장면이 렌더링될 때 나타나는
노이즈들입니다. 샘플이 많을수록
렌더링은 더 선명해지지만, 시간이 더
오래 걸립니다. 우리는 조명을 실험 중
이므로 렌더링을 빠르게 처리할 수 있
도록 64개의 샘플을 사용할 것입니다.

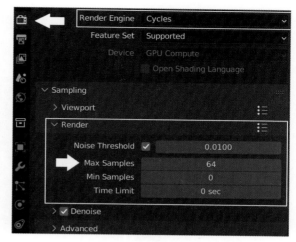

그림 5.16 – 렌더링 설정 조정

설정한 조명에 만족한다면 샘플을 200에서 500 사이의 더 높은 수로 늘릴 수 있습니다. 샘플
수가 많을수록 일반적으로 더 좋지만, 더 높은 샘플이 사용자에게 거의 영향을 미치지 않는 지
점이 있습니다. 샘플 10,000개와 같은 거대한 숫자는 품질을 크게 더 나아지게 하지 않습니다.

3 또한, 뒷면의 어두운 영역을 채우기 위해 렌더에 사용자 정의 배경을 추가해야 하므로 렌더 그림
을 투명하게 만들어야 합니다. 이를 위해 **Film** 아래의 **Transparent**를 선택해 보겠습니다.

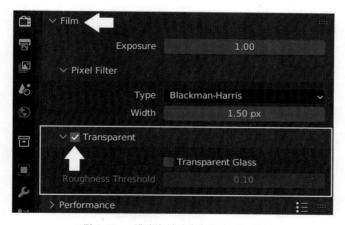

그림 5.17 – 렌더링 설정에서 투명 기능 구성

4. 이제 장면을 렌더링하겠습니다. 상단 표시줄에서 **Render**를 클릭하고 **Render Image**를 선택
   합니다. 단축키는 F12입니다.

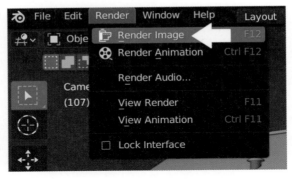

그림 5.18 – 그림 렌더링하기

이제 나와서 Compositing(합성) 모드에서 렌더링에 배경 그림을 추가하는 방법을 살펴보겠
습니다.

렌더링에 배경 추가

이제 렌더링 과정이 시작됩니다.
그동안 다음 단계를 수행해 보겠
습니다.

1 상단 표시 줄에 있는 **Compositing**
  탭으로 이동합니다.

2 구성 노드에 액세스하려면 **Use
  Node** 상자를 선택합니다. 기본
  적으로 두 개의 노드로 **Render
  Layers** 및 **Composite**가 있습니다.

그림 5.19 – Compositing 모드로 전환

3 Shift + A 를 누르고 **Viewer** 노드를 검색합니다.

4 Render Layers Image 출력 슬롯을 **Viewer** 노드의 **Image** 슬롯에 연결합니다. 이렇게 하면
  Compositing Node Tree에 표시된 렌더링 결과와 모든 변경 사항을 볼 수 있습니다.

이것이 우리가 사용할 배경입니다.

그림 5.20 – 렌더에서 투명 영역을 채우는 데 사용될 배경 그림

우리의 통나무집 참조에 맞는 자연 장면입니다. 다음 GitHub 링크에서 그림을 찾을 수 있습니다.

https://github.com/PacktPublishing/3D-Environment-Design-with-Blender/
blob/main/chapter-5/Nature-Background.jpg

그림 파일을 Composite 노드 설정으로 끌어다 놓을 수 있습니다. 이렇게 하면 Single Image 노드가 생성됩니다.

그림 5.21 – Composite Single Image 노드

이제 노드 설정에 연결해 보겠습니다. 이를 위해서는 Alpha Over 노드가 필요하므로 [Shift] + [A]를 눌러 검색합니다. 기본적으로 Alpha Over 노드는 렌더에서 빈 공간을 채울 것입니다. 다음과 같이 Background 노드 Image 출력과 연결합니다.

그림 5.22 – Alpha Over 노드를 사용하여 렌더 그림과 자연 배경 합성하기

Alpha Over 노드에는 왼쪽에 두 개의 Image가 입력되어 있습니다.

5 Background Image 노드를 Alpha Over의 왼쪽 위 슬롯에 연결하고 Render Layers 노드를 아래쪽 슬롯에 연결합니다.

6 Alpha Over의 오른쪽 그림 출력을 Composite 및 Viewer 노드의 그림 입력 슬롯들에 연결합니다.

이제 렌더링에서 알파 공간을 대체하는 배경 그림이 있지만 배경 그림의 크기가 올바르지 않습니다. 이를 수정하려면 Scale이라는 새 노드가 필요합니다. [Ctrl] + [A]를 사용하여 검색하고 합성 노드 설정에 추가합니다.

이 노드는 Background 그림과 Alpha Over 노드 사이에 배치해야 합니다. 배경 그림이 렌더링된 그림의 크기에 완벽하게 맞도록 Render Size를 설정해야 합니다.

그림 5.23 – Scale 노드를 사용하여 배경의 크기 조정

배경이 통나무집 장면과 완벽하게 맞는 것을 볼 수 있습니다. 마치 배경이 렌더링의 일부처럼 보이기도 합니다.

태양을 사용하는 첫 번째 조명 방법에 대해 논의했으므로 이제 두 번째 조명 방법인 Sky Texture 노드를 사용하는 방법을 알아보겠습니다.

I Sky Texture 노드를 사용하여 환경 조명

Sky Texture 또는 Sky Box는 블렌더에서 장면에 절차적 하늘 조명을 추가하는 노드입니다. 설정하려면 다음 작업을 수행합니다.

1 지구본 아이콘으로 표시되는 **World Properties** 패널로 이동합니다.
2 **Color** 옆에 있는 노란색 점을 클릭합니다.
3 **Texture** 목록에서 **Sky Texture**를 선택합니다.

그림 5.24 – 환경에 조명을 적용하기 위해 Sky Texture 추가

4 Render Properties에서 이전에 활성화한 **Transparent** 기능을 끕니다.

이제 Rendered 모드로 이동하면 아름다운 푸른 하늘을 배경으로 멋진 조명을 볼 수 있습니다.

그림 5.25 – Sky Texture 노드를 광원으로 사용한 장면 렌더링

Sky Texture는 자체적으로 태양이 함께 제공되므로 장면에 이미 태양광 객체가 있는 경우 삭제하면 됩니다.

Sky Texture 조명을 조정하기 위해 Shader Editor로 이동하겠습니다. Sky Texture 노드를 보려면 다음 그림과 같이 Object에서 World로 전환해야 합니다. 기본적으로 Object 모드에서는 오브젝트의 재질을 조정하지만, World 모드에서는 장면의 전체 조명을 조정할 수 있습니다.

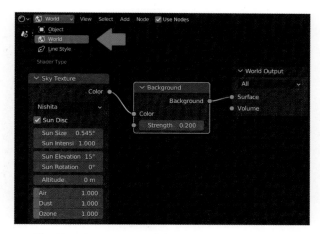

그림 5.26 - Shader Editor에서 Object → World 모드로 전환

Sky Texture는 Background 노드에 연결됩니다. 이 노드는 배경 조명 방출을 추가하는 데 사용되며 환경의 밝기를 제어하는 데에도 도움이 됩니다. 장면의 조명이 너무 밝으면 그림 5.26과 같이 값을 0.2로 줄여서 밝기를 조절할 수 있습니다.

추가로 조정해야 하는 값을 살펴보겠습니다.

• Sun Size: 각도를 높이면 태양의 지름이 커집니다.

그림 5.27 - 태양의 크기 조정

• Sun Intensity: 태양이 얼마나 강렬하게 빛을 방출하는지 제어합니다.
• Sun Elevation: 태양의 위치를 변경합니다. 0도는 일몰과 같이 태양을 수평선에 두고 90 도는 한낮과 같이 태양을 하늘에 수직으로 배치합니다.

그림 5.28 – 하늘에서 태양의 위치 변경

기타 설정은 다음과 같습니다.

- **Altitude**: 해수면에서 카메라 위치까지의 거리입니다. 0미터는 해수면에서 조명을 얻는다는 것을 의미합니다. 이 값을 30,000미터 정도로 늘리면 위성을 볼 때 보이는 조명을 얻을 수 있습니다.

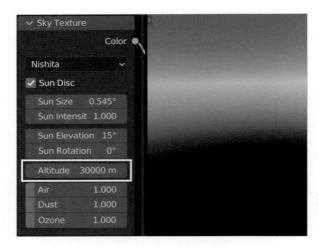

그림 5.29 – 고도 30,000m로 설정된 Sky Texture

- **Air**: 공기 분자의 밀도를 제어합니다.
- **Dust**: 먼지와 물방울의 밀도를 제어합니다.
- **Ozone**: 대기 중 오존 분자의 밀도를 제어하고 하늘을 더 파랗게 보이게 하는 데 사용됩니다.

이제 전등 객체를 사용하여 통나무집을 비추는 다른 방법을 실험해 보겠습니다.

전등 객체로 통나무집 조명하기

필자는 통나무집 주변에 전등용 조명도 추가했습니다. 장면에 포인트 조명을 추가하려면 다음 단계를 수행합니다.

1 [Shift] + [A]를 누르고 **Light** 탭으로 이동하여 **Point**를 선택합니다.

2 여러 **Point**를 만들어 통나무집 주변에 배치합니다.

그림 5.30 – 장면에 전등 조명 추가

다음으로 포인트 조명의 색상을 조정해야 합니다. 이를 위해 이전에 태양에 대해 수행한 것과 같은 과정을 반복합니다.

1 **Point** 객체를 선택합니다.

2 **Object Data Properties** 창으로 이동하여 **Use Nodes**를 클릭합니다.

3 **Blackbody** 노드를 추가하고 **Temperature**를 2,500으로 설정합니다.

켈빈 단위를 기반으로 백열등과 유사한 따뜻한 조명 색상을 얻을 수 있으며 이는 통나무집 테마에 완벽하게 맞습니다.

그림 5.31 – Blackbody 노드를 전등 조명에 적용하여 장면 렌더링

포인트 라이트와 함께 Sky Texture 노드를 사용하여 장면에 조명을 적용하는 방법을 배웠으니 이제 장면에 사실적인 조명을 적용하는 마지막 방법인 HDRI 맵을 살펴보겠습니다.

I HDRI 맵을 사용하여 사실적인 조명 설정

HDRI는 High Dynamic Range Image를 의미합니다. 주변을 360°를 둘러싸고 있는 큰 그림이라고 생각하면 좋습니다. 같은 장면의 여러 사진을 결합하여 만듭니다. HDRI 맵을 환경에 할당하면 블렌더는 모든 각도에서 3D 장면을 보이지 않는 구로 감싸게 됩니다.

그림 5.32 – 블렌더가 HDRI 맵을 처리하는 예시

환경 조명은 3D 장면의 모든 객체를 둘러싸며 모든 표면에 빛을 비추고 반사합니다. HDRI 맵은 환경 조명을 매우 훌륭하게 보이도록 만듭니다.

장면에 HDRI 환경을 설정하는 방법

HDRI 맵을 설정하기 위해 앞서 그림 5.26에서 했던 것처럼 Shader Editor를 Object 모드에서 World 모드로 전환합니다.

그런 다음 Shader Editor에서 [Shift] + [A]를 누르고 Environment Texture를 검색합니다. Color 출력을 Background의 Color 슬롯에 연결합니다.

그림 5.33 – Shader Editor에서 Environment Texture 추가하기

이제 HDRI 맵을 받도록 하겠습니다. 다음 GitHub 링크에서 찾을 수 있습니다.

https://github.com/PacktPublishing/3D-Environment-Design-with-Blender/
blob/main/chapter-5/Nature%20HDRI%20Map.exr

받은 파일을 Nature HDRI Map.exr라는 이름으로 변경합니다.

HDRI 맵을 받았으면 Environment Texture 노드에서 Open을 클릭하고 거기에서 선택합니다.

Note HDRI 맵의 기본 조명을 얻으려면 Background 노드의 Strength를 1로 조정합니다.

HDRI를 설정하고 나면 장면에 사실적인 조명이 투사됩니다. Environment Texture 노드를 조정하려면 Mapping 및 Texture Coordinate라는 두 개의 추가 노드가 필요합니다. 이를 검색하여 Shader Editor에 추가한 후 다음 그림과 같이 연결합니다.

그림 5.34 – Mapping 및 Texture Coordinate 노드를 사용하여 HDRI 맵 회전 조정

이제 Mapping 노드를 사용하여 HDRI 맵을 회전시켜 다양한 조명 효과를 생성할 수 있습니다. 필자의 경우에는 50°로 설정하고 장면을 렌더링했습니다. 다음 그림이 최종 렌더링 결과입니다.

그림 5.35 – 통나무집 장면의 최종 렌더 결과물

다음은 우리가 사용하고 있는 통나무집 참조 그림입니다.

그림 5.36 – 통나무집 장면을 만드는 데 사용된 참조 그림

참조 그림을 블렌더에서 사실적인 3D 장면으로 전환하는 첫 번째 목표를 완료했습니다. 다음 장에서는 지형을 만들어 환경을 확장할 것입니다.

┃ 요약

이 장에서는 먼저 블렌더의 렌더링 엔진 간의 차이점을 분석하고 사실주의를 달성하는 데 각각의 역할을 이해했습니다. 그런 다음 통나무집 장면에 조명을 적용하는 세 가지 방법을 다루었습니다. 우리는 장면을 통나무집 레퍼런스 이미지와 일치하게 만드는 목표를 달성했습니다. 우리는 장면에 조명을 추가할 수 있는 다양한 방법과, 광원들이 제공하는 속성 및 구성 방법을 살펴봄으로써 블렌더에서 조명의 기본 사항을 탐색했습니다.

다음 장에서는 더 큰 시점에서 환경을 확장할 것입니다. 또한, 블렌더에서 크고 자연스러우며 사실적인 지형을 만드는 방법도 배울 것입니다.

2부

사실적인
지형 만들기

이 부분은 우리 책의 주요한 주제로 현실적인 눈과 바위산을 생성하는 방법을 배울 것입니다. 그런 다음 절차적 텍스처링을 사용하여 멋진 진흙 텍스처를 만들어 지형에 적용할 것입니다. 또한, 지형에 현실적이고 자연스러운 물을 만들고 애니메이션을 적용할 것입니다.

2부에서는 다음과 같은 내용들을 포함합니다.

- (6장) 사실적인 지형 만들기
- (7장) 사실적이고 자연스러운 물 제작 및 애니메이션
- (8장) 절차적 진흙 재질 만들기
- (9장) 진흙 재질로 지형 텍스처링하기

6장

사실적인
지형 만들기

:

이 장에서는 블렌더에서 눈과 바위로 사실적인 지형을 만드는 방법을 배울 것입니다. 일일이 지형을 모델링하는 것은 지루한 과정입니다. **Another Noise Tool(A.N.T.) Landscape** Add-on이 유용할 때입니다. 하나하나 모델링하는 것보다 훨씬 빠르게 장면의 지형을 생성하는 데 도움이 될 수 있습니다. 이것은 모든 3D 예술가의 역량에 큰 도움이 될 필수 기술입니다.

이 장에서는 다음 주제를 다룹니다.

- A.N.T. 지형 Add-on 적용하기
- A.N.T. Add-on을 사용하여 지형 만들기.

┃ 기술 요구 사항

이 장은 블렌더 버전 3.0 이상을 실행할 수 있는 Mac 또는 PC가 필요합니다.

GitHub에서 이 장의 리소스를 다운로드할 수 있습니다.

https://github.com/PacktPublishing/3D-Environment-Design-with-Blender/tree/main/chapter-6

┃ A.N.T. 지형 Add-on 활성화하기

A.N.T.는 다양한 절차적 노이즈를 사용하여 다양한 지형을 생성합니다. 먼저 할 일은 Add-on을 적용하는 일입니다.

완전히 새로운 장면으로 이동하여 다음을 수행해 보겠습니다.

1 상단 표시줄에서 **Edit**를 클릭하고 **Preferences...**를 선택합니다.

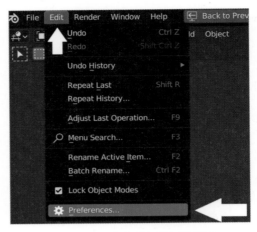

그림 6.1 – 블렌더 기본 설정 접근하기

2 **Add-ons**를 선택하고 검색창에 **landscape**를 입력합니다. 목록에서 추가 기능을 필터링하고
추가 기능 이름 왼쪽의 확인란을 선택하여 활성화할 수 있습니다.

3 **Add Mesh: A.N.T. Landscape** 옆의 확인 상자를 선택하면 됩니다.

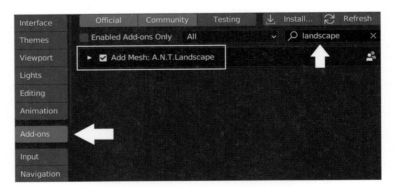

그림 6.2 – A.N.T. Landscape Add-on 검색

Add-on을 성공적으로 설치했습니다. 제대로 설치되었는지 확인하려면 3D Viewport로 돌
아가서 Shift + A 를 누르고 Mesh로 이동하면 하단 목록에 Landscape가 표시됩니다.

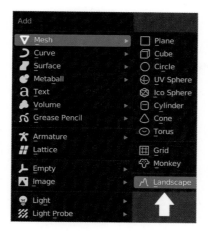

그림 6.3 – Shift + A를 사용하여 Landscape 3D 객체 검색

Add-on이 성공적으로 설치되었으므로 이제 장면에서 사용할 수 있습니다.

I A.N.T. Add-on을 사용하여 지형 만들기

지형을 추가하려면 Shift + A를 누르고 Mesh를 선택하면 하단에 Landscape가 있습니다. 그것을 클릭하면 곧바로 장면에 지형이 생겨납니다.

그림 6.4 – Landscape 3D 객체 추가

A.N.T.를 사용하여 지형을 추가하려면 3D 뷰포트의 왼쪽 하단에 메뉴를 열어야 합니다. F9 를 눌러 메뉴를 최대화할 수 있습니다. 이 메뉴를 사용하여 지형 모양을 사용자 정의합니다.

Note 메뉴 밖을 곧바로 클릭하면 안됩니다. 클릭하게 되면 설정이 완료되어 사라지게 됩니다. 만들고 있는 지형의 모양에 만족할 때만 클릭하도록 주의합니다.

지형의 모양 조정

이를 수행하는 단계를 살펴보겠습니다.

1 변경할 첫 번째 설정은 X축과 Y축 모두에서 **Mesh Size**를 5.00으로 설정하는 것입니다.

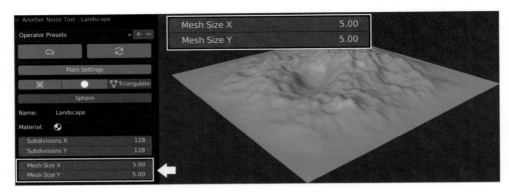

그림 6.5 – 지형 Mesh 크기 조정

2 다음으로 **Noise** 유형입니다. 기본값인 **Hetero Terrain**에서 **Slick Rock**으로 변경하고 **Noise Basis**를 기본값인 **Blender**에서 **Voronoi F2**로 전환합니다.

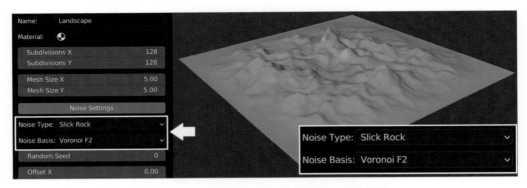

그림 6.6 – 지형의 NoiseType을 Slick Rock으로 변경

3 하단에서 **Falloff**를 Y로 설정하여 X축에서 연속적으로 되게 하고 **Falloff Y** 값을 1.00으로만 설정합니다.

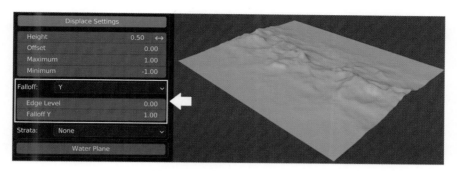

그림 6.7 – 지형의 FalloffY를 1로 설정

4 다음으로 **Size X**를 2.00으로 변경하여 지형을 확장하고 **Height** 설정을 조정합니다. 0.50에서 0.75로 늘리고 **Offset**을 0.10으로 변경해야 합니다.

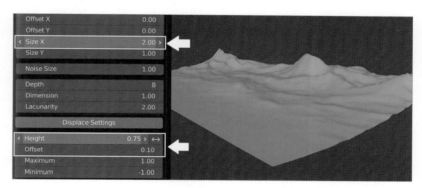

그림 6.8 – 지형의 크기, 높이 및 오프셋 조정

5 마지막으로 **Subdivisions X**와 **Subdivisions Y**를 512로 늘려 지형을 더 자세히 살펴보겠습니다.

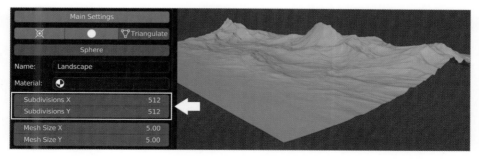

그림 6.9 – 지형의 X 및 Y 분할 변경

지형의 모양은 정해졌지만 사실적인 스케일이 맞는지 확인해야 합니다.

지형에 실제 규모 적용하기

지형을 확장하기 전에 적절한 규모를 얻도록 해야 합니다. 필자는 평균적인 지형이 주변 땅보다 적어도 300미터 이상 솟아 있다는 것을 알았습니다.

이제 지형을 확장해 보겠습니다.

1 지형 객체를 선택하고 **Edit Mode**로 전환합니다.

2 N을 눌러 객체 치수가 표시되는 오른쪽 패널을 봅니다.

3 Z 치수 값을 주시하면서 S를 눌러 지형의 크기를 조정합니다.

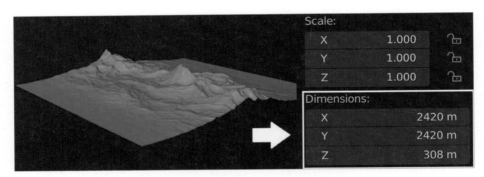

그림 6.10 – 지형 객체를 높이 308미터로 확장

이제 우리는 사실적이며 훌륭한 지형으로 시작하게 되었습니다. 다음 단계는 텍스처 처리입니다.

| 사실적인 설산 만들기

산 객체를 선택하고 **Material Properties**로 이동하여 **Mountain**이라는 이름의 새 재질을 만듭니다.

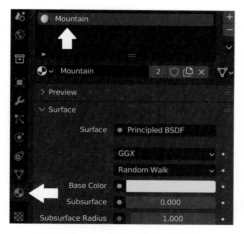

그림 6.11 – Mountain이라는 재질 추가

아래쪽 창을 Shader Editor 창으로 전환하고 Mountain 재질 조정을 시작하겠습니다.

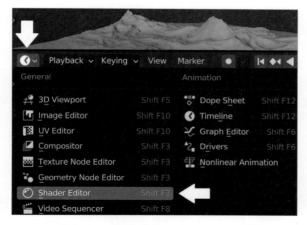

그림 6.12 – 아래쪽 창을 Shader Editor로 전환

이제 산에서 바위로 만들고 싶은 부분과 눈으로 덮일 부분을 표시할 흑백 마스크를 만들어야 합니다.

지형에서 Z축을 향하고 있는 평평한 표면에만 눈이 표시되어야 합니다. 이 표면은 눈이 쌓이는 영역이기 때문입니다. 이를 위해 다음 노드를 추가해 보겠습니다.

Geometry 노드를 추가합니다.

그림 6.13 – Geometry 노드 추가

이 노드는 할당된 객체에 대한 기하학적 정보를 제공합니다. 우리의 경우 여기에 필요한 정보는 Normal입니다. 먼저 Geometry 노드의 Normal 슬롯을 PrincipledBSDF 노드의 Base Color 슬롯에 할당해 보겠습니다.

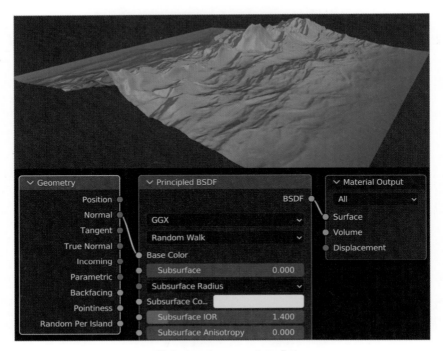

그림 6.14 – Geometry 노드 추가

그림 6.15가 우리의 지형이 보여지는 모습입니다.

그림 6.15 – Normal Geometry로 지형 표시

Geometry 노드의 **Normal** 슬롯은 빨간색, 녹색 및 파란색의 세 가지 색상으로 객체를 표시합니다.

이러한 RGB 색상은 x, y 및 z 좌표로 변환됩니다.

- Y축에 접한 표면은 녹색이 됩니다.
- Z축에 접하는 평평한 표면은 파란색이 됩니다.
- X축에 접한 표면은 빨간색이 됩니다.

완전히 평평한 표면이 없으므로 파란색, 녹색 또는 빨간색의 색상을 100% 볼 수 없습니다.

여기 Cube 예제에서는 Cube의 면이 X, Y 및 Z축과 완벽하게 정렬되어 있으므로 세 가지 색상이 명확하게 표시되는 것을 볼 수 있습니다.

이제 이 일반적인 X, Y, Z 항목이 우리에게 어떻게 유용할지 궁금할 것입니다. 이때 **Separate XYZ** 노드가 필요합니다.

그림 6.16 – Cube의 Normal Geometry 표시

Separate XYZ 노드 사용

Separate XYZ 노드를 사용하면 노멀의 x, y, z 색상을 분리하고 원하는 축(X, Y, Z)을 선택할 수 있습니다.

- 노드 설정에 **Separate XYZ** 노드를 추가해 보겠습니다.

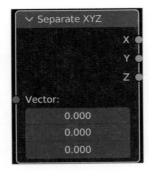

그림 6.17 – Seperate XYZ 노드 추가

- Geometry 노드의 Normal 슬롯을 Separate XYZ의 Vector 슬롯에 연결해 보겠습니다.
- Separate XYZ 오른쪽에서 X 슬롯을 Principled BSDF의 Base Color에 연결합니다.

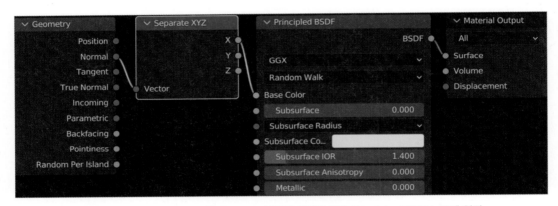

그림 6.18 – Geometry 노드를 Separate XYZ에 연결한 다음 Principles BSDF 노드에 연결

이렇게 하면 빨간색 X축에 정렬된 면만 표시됩니다.

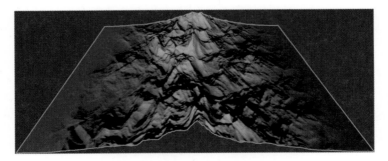

그림 6.19 – 지형을 확인하기 위해 Material Preview로 전환

이번에는 Z축에 정렬된 윗면을 강조 표시하려고 합니다.

생성 중인 마스크를 더 잘 제어하려면 다음과 같이 ColorRamp 노드를 추가하고 세 노드를 모두 연결해야 합니다.

1 **Pos** 값이 0.85로 설정될 때까지 흰색 마커를 왼쪽으로 이동합니다.

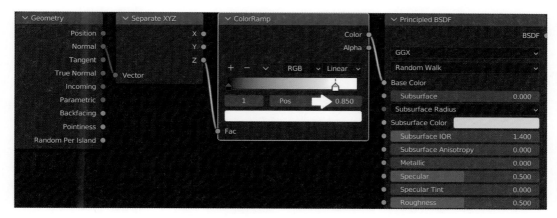

그림 6.20 – 마스크 노드 설정을 Base Color에 연결

2 ColorRamp의 **Interpolation** 유형을 **Linear**에서 **Constant**로 전환합니다. 이렇게 하면 흑백 마스크 가장자리가 선명해집니다.

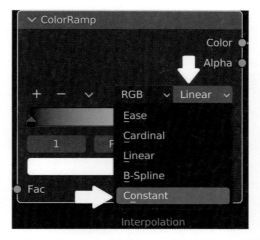

그림 6.21 – ColorRamp 유형을 Linear에서 Constant로 전환

지형의 눈 마스크는 다음과 같습니다.

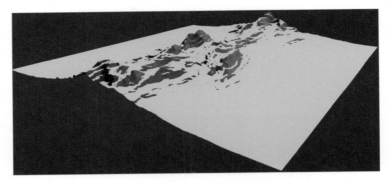

그림 6.22 – 마스크 노드 설정이 적용된 지형

노드로 작업할 때 작업 중인 전체 재질에 미치는 영향을 확인하기 위해 특정 노드를 미리 볼 수 있습니다.

Node Wrangler를 사용하여 노드 표시

노드를 미리 보려면 [Ctrl] + [Shift]를 누르고 미리 보려는 노드를 마우스 왼쪽 버튼으로 클릭합니다. 그러나 이 단축키는 Node Wrangler Add-on을 활성화하지 않으면 작동하지 않습니다.

10장 바위 제작하기 – PBR 재질을 설정하는 가장 빠른 방법 부분에서 Node Wrangler Add-on을 적용하는 방법을 알 수 있습니다.

예를 들어 [Ctrl] + [Shift]를 누르고 Geometry 노드를 왼쪽 클릭했습니다.

그림 6.23 – [Ctrl] + [Shift] + 왼쪽 클릭, NodeWrangler 단축키를 사용하여 Geometry 노드 표시

미리 보려는 노드를 Viewer 노드에 연결합니다. 그러면 Viewer 노드가 Material Output 노드에 직접 연결됩니다. 이렇게 하면 그림 6.14와 같이 Geometry 노드만 따로 볼 수 있습니다.

전체 노드 설정을 미리 보려면 Ctrl + Shift 를 누르고 Principled BSDF를 왼쪽 클릭해 줍니다.

눈 마스크를 적용했으므로 다음 단계는 검은색 영역을 바위로 바꾸겠습니다.

산에 바위 텍스처 추가

다음 GitHub 링크에서 찾을 수 있는 바위 텍스처를 사용할 것입니다.
https://github.com/PacktPublishing/3D-Environment-Design-with-Blender/blob/main/chapter-6/Rocks.jpg

바위 텍스처를 Shader Editor로 끌어다 놓습니다.

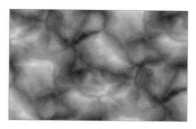

그림 6.24 – 바위 Height 맵 텍스처

이것을 마스크와 혼합해야 합니다.

1   Mix 노드를 추가합니다.

2   상단 Factor 슬롯에서 ColorRamp 노드의 Color 슬롯을 연결합니다.

3   Color2 슬롯에 Rocks 그림 텍스처를 연결합니다.

4   Displacement 노드를 추가합니다.

5   MixColor의 Result 슬롯을 Displacement Height 슬롯에 연결한 다음 Displacement 노드를 Material Output의 Displacement 슬롯에 연결합니다.

6   Displacement의 Scale 값을 10으로 늘립니다.

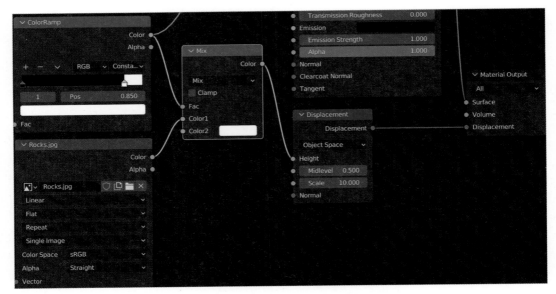

그림 6.25 – 노드 설정에 바위 Height 맵 텍스처 추가

7 마지막 단계는 바위 텍스처를 확대하는 것입니다. 이를 위해 **Mapping**과 **Texture Coordinate**라는 두 노드를 추가하고 그림 6.26과 같이 연결합니다.

8 **Mapping** 노드의 **X** 및 **Y** Scale 값을 25와 75로 확장합니다.

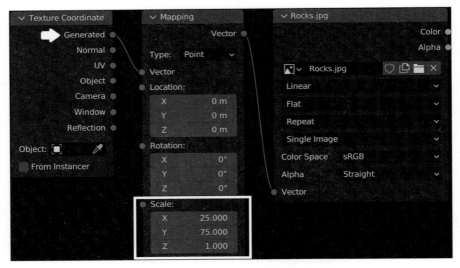

그림 6.26 – 바위 Height 맵 텍스처의 크기 설정 변경

산의 질감을 더 잘 보기 위해 **Sky Texture**를 설정해 보겠습니다.

Sky Texture를 추가하여 밝게 해주기

Shader Editor에서 유형을 Object에서 World로 전환해 보겠습니다. 이렇게 하면 환경의 조명을 조정할 수 있습니다.

- Shift + A 를 누르고 Sky Texture를 검색합니다.
- 이를 Background 노드에 연결합니다.

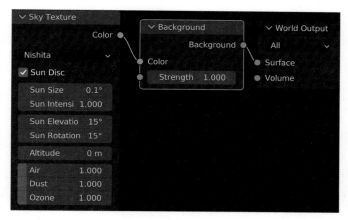

그림 6.27 – 장면을 밝게하기 위해 Sky Texture 추가

이제 장면에 적절한 조명이 있으므로 Displacement 맵이 적용된 지형을 보기 위해 환경을 빠르게 렌더링해 보겠습니다.

Displacement 맵이 적용된 산 렌더링

이제 3D 뷰포트로 돌아가 Z 를 누르고 Rendered 보기로 전환하면 산이 다음과 같이 보일 것입니다.

그림 6.28 – 눈 마스크 노드 설정이 적용된 3D Viewport에서 지형 렌더링

눈이 위에서 아래로 녹아든 듯한 멋진 효과입니다. 아름다워 보입니다!

산의 모양 수정하기

산 아래에 강을 추가할 계획이며 아시다시피 강은 항상 밑에서 흐르게 됩니다.(물은 항상 산의 아랫부분) 강을 추가하는 단계를 살펴보겠습니다.

1 Mountain 객체를 선택합니다.

2 [Tab]을 눌러 Edit Mode로 전환합니다.

3 상단 보기로 전환하려면 [7]을 누릅니다.

4 [Z]를 누르고 Wireframe으로 전환합니다.(이렇게 하면 형상이 투명해지며 어떠한 버텍스들도 빠짐없이 볼 수 있습니다)

5 지형의 오른쪽 절반 또는 왼쪽 절반을 선택합니다. 이 예에서는 오른쪽을 선택합니다.

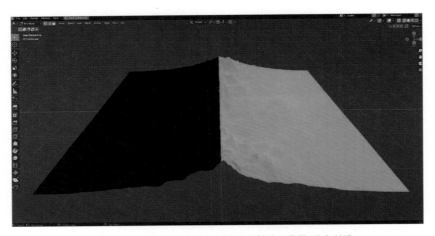

그림 6.29 – 예시로 Edit Mode에서 지형의 오른쪽 절반 선택

산의 면이 검게 보이는 이유는 버텍스들이 촘촘하기 때문입니다. 이 산에는 약 262,000개의 버텍스들이 있습니다. 버텍스의 밀도로 인해 전체 산이 Wire Frame에서 검게 보입니다.

> 특정 객체에 있는 버텍스의 수를 보려면 3D 뷰포트의 오른쪽 위에 있는 **Show Overlay**를 클릭하고 **Statistics**를 활성화할 수 있습니다.

Show Overlay에서 Statistics를 선택하면 객체 및 버텍스 정보에 접근할 수 있습니다.

· Objects: 선택한 객체의 수를 보여줍니다.

· Vertices: 첫 번째 숫자는 선택한 버텍스의 수를 나타내며 / 뒤에는 선택한 객체에 있는 버

텍스의 총합이 있습니다. Edges, Faces 및 Triangles도 마찬가지입니다.

그림 6.30 – Statistics 기능 활성화하기

6 산의 왼쪽을 선택한 상태에서 P를 눌러 나머지와 분리합니다.

7 Tab 을 눌러 Edit Mode를 종료합니다.

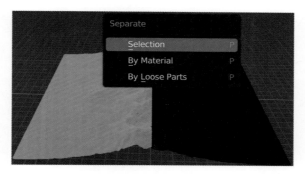

그림 6.31 – 지형의 선택된 절반 부분 분리하기

8 두 산 부분이 완벽하게 일치할 때까지 산의 분리된 부분을 오른쪽으로 이동시킵니다.

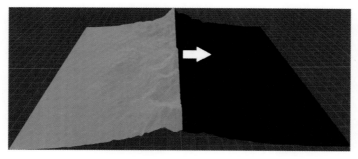

그림 6.32 – 왼쪽 지형의 절반으로 분리된 부분 준비하기

9 왼쪽과 일치할 때까지 오른쪽으로 이동합니다.

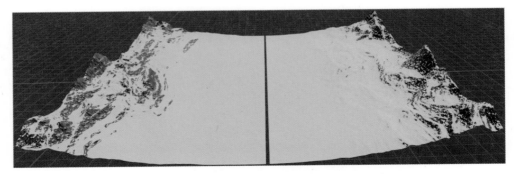

그림 6.33 – 지형의 절반으로 분리된 부분을 오른쪽으로 이동

10 이제 산의 두 부분을 연결해야 하므로 두 부분을 모두 선택하고 [Ctrl] + [J]를 눌러 두 부분을 하나의 부분으로 결합합니다.

11 다음으로 두 부분 사이의 간격을 채워야 합니다. 산을 선택하고 편집 모드로 전환합니다.

12 산의 두 면이 교차하는 부분을 확대합니다.

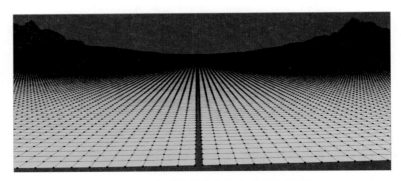

그림 6.34 – 산의 두 측면 사이의 교차 부분 확대

그림 6.30에 표시된 간격을 채우기 위해 **Bridge Edge Loops** 기능을 사용합니다. 그렇게 하려면 먼저 두 산 가장자리 선들을 모두 선택해야 합니다.

13 왼쪽 산의 첫 가장자리를 [Alt]를 누르고 마우스 왼쪽 버튼으로 클릭합니다.

14 첫 번째 선택 항목을 활성 상태로 유지하려면 [Shift]를 계속 누릅니다.

15 [Alt]를 누르고 오른쪽 산의 가장자리를 마우스 왼쪽 버튼으로 클릭합니다.

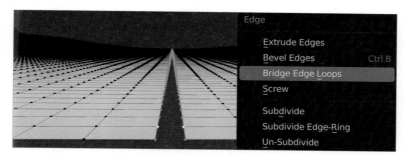

그림 6.35 – 산 측면 부분의 양쪽 가장자리 선택

16 이제 그림 6.35에 표시된 간격을 채우기 위해 Ctrl + E 를 누르고 **Bridge Edge Loops**를 선택할 수 있습니다. 이 방법으로 두 산 부분 사이의 간격을 채우면 다음과 같이 하나의 크고 아름다운 산으로 만들어집니다.

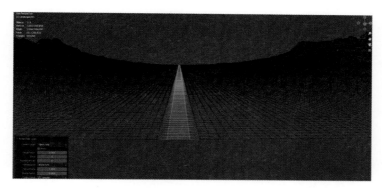

그림 6.36 – 두 지형 부분 결합

17 이제 **ObjectMode**로 이동하고 Z 를 눌러 **Rendered**로 전환하면 바닥에 강을 추가하기에 완벽하고 훌륭한 산의 곡선이 생깁니다.

그림 6.37 – 렌더링된 지형 장면

강을 구현하기 위해 Plane을 추가하고 산의 가장 낮은 지점에 배치합니다.

18 Plane에 새로운 재질을 추가하고 색상을 하늘색으로 변경했습니다. 또한, 완벽하게 광택이 나고 반사되는 강 재질을 만들기 위해 **Roughness**를 0으로 줄였습니다.

그림 6.38 – 지형에 기본 강 추가

지금은 강이 실제처럼 보이지 않지만 걱정하지 않아도 됩니다. 강이 배치될 위치를 보여주는 것일 뿐입니다. 다음 장에서는 장면을 돋보이게 하는 사실적인 강을 만드는 데 집중할 것입니다.

| 요약

이번 장에서는 사실적인 눈과 바위산을 만드는 과정을 거쳤습니다. 우리는 A.N.T. Landscape Add-on을 설치하는 것으로 시작했습니다. 그런 다음 지형을 추가하고 모양을 변경하여 최대한 사실적으로 보이도록 했습니다.

두 번째 과정에서는 절차적 텍스처링을 사용하여 눈과 바위 마스크를 만들어 지형을 텍스처링하는데 중점을 두었습니다.

다음 장에서는 추가된 강을 더욱 사실적으로 보이도록 작업할 것입니다.

7장

사실적이고 자연스러운 물 제작 및 애니메이션

:

물은 반사 및 굴절과 같은 특정 기능을 가진 복잡한 물질입니다. 이 장에서는 생동감 있고 사실적인 강을 만드는 방법을 살펴보겠습니다.

Glass BSDF와 Transparency BSDF를 사용하여 실제 물과 같은 종류의 반사 및 굴절을 구현하는 방법을 배웁니다. 쉐이더를 만들고 전환하는 방법과 쉐이더의 색상을 변경하여 멋진 수면을 만드는 방법을 배웁니다.

그다음 Noise Texture를 사용하여 수면에 물결 효과를 추가합니다. 마지막으로 Timeline 편집기에 Keyframe을 삽입하여 수면의 물결에 애니메이션을 적용하는 방법을 배웁니다.

이 장에서는 다음 주제를 다룹니다.

- 사실적이고 자연스러운 강 제작하기
- 흐르는 물 애니메이션 만들기

┃ 기술 요구 사항

이 장은 블렌더 버전 3.0 이상을 실행할 수 있는 Mac 또는 PC가 필요합니다.

┃ 사실적이고 자연스러운 하천 만들기

이전 장면에서 우리는 눈과 바위 지형을 만들었습니다. 이제 강을 추가하는 것부터 시작하여 세부 사항으로 채우겠습니다.

장면에서 물을 나타낼 Plane을 추가해 보겠습니다.

1 3D 뷰포트에서 [Shift] + [A]를 누르고 **Plane** 객체를 만듭니다.

2 [S]를 눌러 Plane 객체의 크기를 조정하여 지형 크기에 맞춥니다.

3 지형의 아래쪽 곡선과 완벽하게 붙을 때까지 Plane 객체를 아래로 이동시킵니다.

표면에 수면의 일부만 보여주면 되므로 우리가 만든 Plane 객체를 배치할 위치를 그림 7.1에서 살펴보도록 합니다.

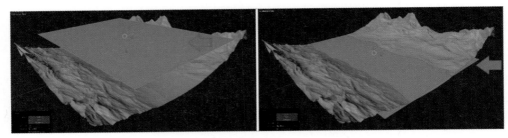

그림 7.1 – 지형의 아래쪽 곡선에 Plane 맞추기

Plane 객체를 산 아래에 배치했으므로 이제 물 재질을 만들어 이 Plane에 할당해야 합니다.

| 물 재질 만들기

이제 Plane에 그림 7.2와 같이 Water라는 재질을 추가해 보겠습니다.

1 Plane 객체를 선택합니다.

2 **Material Properties**로 이동합니다.

3 Plane 객체에 **Water**라는 재질을 추가합니다.

4 재질을 편집할 수 있도록 블렌더의 하단 메뉴를 **Shader Editor**로 전환합니다.

이어서 장면을 만드는 단계는 다음과 같습니다.

그림 7.2 – 강 Plane에 물 재질 추가

가장 먼저 할 일은 Principled BSDF 노드를 삭제하는 것입니다. 물 재질을 만드는 데 필요한 노드가 아닙니다.

5 Principled BSDF 노드를 선택하고 [X]를 누르면 삭제됩니다. 이제 Material Output 노드만 남게 됩니다.

그림 7.3 – 재질 출력 노드

물 재질을 만들려면 반사율(reflectivity)과 투명도(transparency)라는 두 가지 효과를 혼합해야 합니다.

6 Glass BSDF 노드를 추가해 보겠습니다. Shader Editor에서 [Shift] + [A]를 눌러 검색합니다. 이 노드는 유리 쉐이더처럼 작동합니다. 특정 각도에서 통과하는 빛을 굴절 및 반사하는 재질을 만드는 데 사용됩니다.

투명성을 위해 Transparent BSDF라는 노드를 검색합니다. 이것은 굴절 없이 투명도를 추가하는 데 사용되며 마치 거기에 객체가 없는 것처럼 빛이 객체 표면을 통과합니다.

그림 7.4는 Glass BSDF 노드, Transparent BSDF 노드 및 Material Output 노드를 보여줍니다.

그림 7.4 – Glass BSDF 및 Transparent BSDF

Glass BSDF에는 굴절률을 나타내는 IOR(Index of Refraction)이라는 값이 있습니다. IOR은 광선이 물질에서 다른 물질로 통과할 때 휘는 정도를 측정한 것입니다. 각 재질에는 고유한 IOR(물, 유리, 플라스틱 등)이 있습니다.

물의 IOR에 대해 구글 검색을 해보면 1.33이라는 것을 알 수 있습니다.

그림 7.5 – 물 IOR 검색 결과

7 IOR 기본값인 1.450을 물의 IOR인 1.330으로 바꾸겠습니다.

그림 7.6 – Glass BSDF 노드

8 다음 단계는 투명도와 반사를 병합하는 것입니다. 이를 위해 **Mix Shader**라는 노드를 검색해 보겠습니다.

그림 7.7 – Mix Shader 노드

Mix Shader 노드는 두 쉐이더를 혼합하는 데 사용됩니다. 첫 번째 쉐이더를 상단 슬롯에 연결하고 두 번째 쉐이더를 하단 슬롯에 연결할 수 있습니다.

Fac은 혼합물을 원하는 방식으로 제어합니다. 0.5 기본값은 혼합이 양쪽 균일하다는 것을 의미합니다. 즉, 출력 쉐이더가 첫 번째 쉐이더의 50%와 두 번째 쉐이더의 50%를 갖게 됩니다. 0.25로 설정하면 출력 쉐이더가 첫 번째 쉐이더의 75%, 두 번째 쉐이더의 25%만 갖게 된다는 의미입니다.

Glass BSDF를 Mix Shader의 상단에 연결하고 Transparent BSDF를 하단에 연결해 보겠습니다. 그다음 Mix Shader의 오른쪽 슬롯을 Material Output에 연결합니다.

9 Glass BSDF 오른쪽 슬롯을 Material Output의 Surface 슬롯에 연결합니다.

10 Fac 값은 0.25로 하겠습니다. 즉, Transparent BSDF의 25%와 Glass BSDF의 75%를 사용합니다.

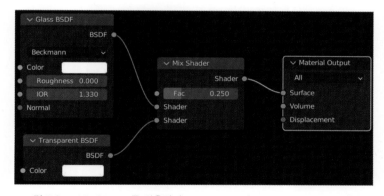

그림 7.8 – Mix Shader를 사용하여 Glass BSDF와 Transparent BSDF 혼합

다음으로 물 재질의 색상을 조정해야 합니다.

1 ColorRamp 노드를 추가합니다.

2 ColorRamp의 오른쪽 Color 슬롯을 GlassBSDF와 TransparentBSDF 모두에 연결합니다.

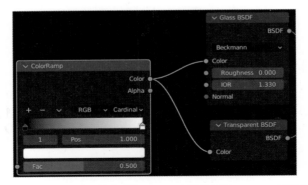

그림 7.9 – ColorRamp 노드를 추가하고 Glass BSDF 및 Transparent BSDF에 연결

3 ColorRamp에서 작업할 4개의 마커가 필요하므로 **+**기호를 클릭하여 추가 2개의 마커를 추가
하겠습니다.

그림 7.10 – ColorRamp 노드에 두 개의 추가 마커 추가

4 4개의 마커 사이의 거리가 같은지 확인합니다.

다음 단계는 물에 색상을 설정하는 것입니다. 다음 그림에 표시된 색상 팔레트로 물의 깊이에
따라 다양한 바다 색상을 살펴보도록 합니다.

그림 7.11 – 강물을 만드는 데 사용할 바다색 팔레트

바다 색상 팔레트는 바다의 가장 깊은 지점의 진한 파란색에서 바다 표면에서 볼 수 있는 밝은 파란색에 이르기까지 여러 바다 색상을 포함하는 음영으로 구성됩니다.

사실적인 물 쉐이더를 설정하기 위해 이 바다색 팔레트를 ColorRamp 노드에 연결해야 합니다. 따라서 ColorRamp 노드에 색상 Hex(16진수) 코드가 있는 4개의 파란색 음영을 추가하겠습니다.

Note 이 방법은 현실에서 물이 어떻게 작용하는지에 대한 실제 표현이 아님을 명심합니다. 실제 물의 색은 환경에서 굴절된 빛과 반사된 빛이 모두 복잡하게 혼합된 것입니다. 여기에서는 환경에서 가능한 사실적으로 보이는 멋진 물 쉐이더를 만들려고 합니다.

5 첫 번째 마커를 선택하고 하단 색상을 클릭합니다.

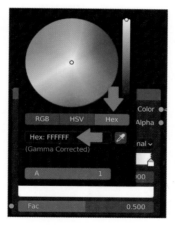

그림 7.12 – 16진수 색상 코드 변경

6 Hex를 클릭하고 4개의 마커 색상 각각에 대해 다음 Hex 코드를 입력합니다.

색상 1: 다크 블루 – #112945

색상 2: 예일 블루 – #4C6381

색상 3: 청록색 – #5E6F82

색상 4: 하늘색 – #D6DEFF

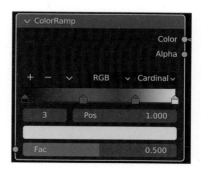

그림 7.13 – ColorRamp에 네 가지 색상 추가

7 이제 3D 뷰포트에서 Z를 눌러 Rendered로 이동하면 해당 색상이 수면에 적용된 것을 볼 수 있습니다.

그림 7.14 – 강이 있는 지형 장면의 렌더링 미리 보기

그러나 수면이 너무 평평하고 매끄럽게 보이므로 실제 강물처럼 보이게 하려면 작은 물결을 추가해야 합니다.

물결 추가하기

물결을 추가하려면 Noise Texture 노드를 사용해야 합니다.

1 Shader Editor에서 Shift + A 를 누르고 Noise Texture를 검색합니다.

그림 7.15 –
Noise Texture 노드

2 Noise Texture를 Displacement 노드에 연결하기 위해 Displacement 노드를 검색해 봅시다.

그림 7.16 –
Displacement 노드

3 Noise Texture의 Fac 슬롯을 Displacement의 Height 슬롯에 연결합니다.

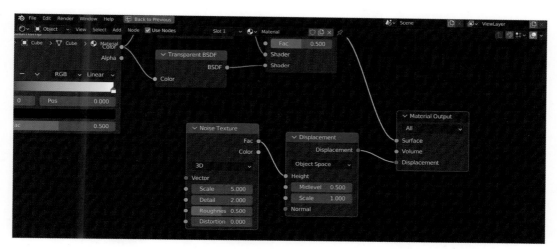

그림 7.17 – Displacement 슬롯에 Noise Texture 연결

다음 그림이 Noise Texture 노드가 물에 적용된 효과입니다. 표면이 이상하게 휘어 보이고 있습니다.

그림 7.18 – 이상한 물결이 적용된 강의 모습

이렇게 보이는 이유는 Noise Texture의 크기가 낮아서 나타 나는 현상입니다. Scale을 약 200.000으로 높여야 합니다. 자신의 설정에 따라 다른 값이 될 수 있으므로 멋진 물결 효과가 나타날 때까지 조정합니다.

그림 7.19 –
Noise Texture의 Scale 올리기

그러나 이번에는 수면에 대한 이러한 효과가 너무 강하다는 것입니다. 강도를 줄여야 합니다. 여기 그림에서 물결이 물 위의 지형을 잘 반영하지 못한다는 것을 알 수 있습니다.

그림 7.20 – 물결이 너무 강한 강의 모습

이 문제를 해결하기 위해 Displacement 노드의 Scale 값을 0.400으로 줄이겠습니다.

그림 7.21 – Displacement의 Scale 값을 0.4로 조정

4 3D 뷰포트에서 Z를 눌러 Rendered로 이동합니다. 우리는 수면에 적용되는 멋진 물결을 볼 수 있습니다.

그림 7.22 – 적절한 강도의 물결을 가진 강의 모습

이것이 물 재질의 모습으로 수면을 멋지게 보이게 하는 미묘한 물결 효과입니다. 다만, 수면의 물결 효과가 사진과 같이멈춰있기 때문에 자연스런 물 재질을 위해 물결을 애니메이션화해야 합니다.

| 물 흐름 애니메이션 적용하기

수면에 애니메이션을 적용하여 물결을 움직이게 하는 멋진 방법을 살펴보겠습니다.

1 Plane 객체를 선택하고 **Mapping** 및 **Texture Coordinate** 노드를 추가합니다.

2 Texture Coordinate 노드의 Generated 슬롯을 Mapping 노드 왼쪽의 Vector에 연결합니다.

3 Mapping 노드의 오른쪽 Vector 슬롯을 Noise Texture의 Vector에 연결합니다.

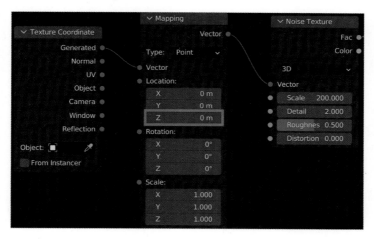
그림 7.23 – Noise Texture에 Mapping 및 Texture Coordinate 노드 추가

이제 Mapping 노드에서 Z 위치 값을 변경하면 Noise Texture가 움직이는 것을 알 수 있습니다.

4 Mapping에서 Z 위치 값을 애니메이션하려면 Timeline 편집기에 접근해야 하므로 오른쪽 아래 창 위로 마우스를 가져간 다음 왼쪽 클릭하여 위쪽으로 당깁니다.

이렇게 하면 Shader Editor의 복제된 새 창이 나타납니다. Timeline 편집기로 전환하고 첫 번째 Frame으로 이동해 보겠습니다.

Timeline은 시계 아이콘으로 식별됩니다. Keyframes를 조작하는 데 사용됩니다. 이것은 특정 시간에 특정 객체에 대한 움직임의 정보를 제공합니다. GPS 장치를 들고 커피숍에서 식당으로, 그리고 주차장으로 이동하는 사람과 같다고 생각해 봅시다. 매번 우리는 그들의 위치를 찾고 그 사람이 그곳에 있었던 시간을 기록할 수 있습니다.

Timeline 편집기에서 Keyframes를 다이아몬드 모양으로 볼 수 있습니다. 객체에 대한 세부 정보를 입력하지 않았기 때문에 표시되지 않습니다.
다음 그림과 같이 Shader Editor 창에서 Timeline으로 전환해 보겠습니다.

그림 7.24 – Timeline으로 전환

5 이제 Shader Editor 창으로 이동하여 Mapping 노드를 찾고 Z 위치 값을 마우스 오른쪽 버튼으로 클릭합니다.

그림 7.25 – Mapping 노드의 Z Location

Z Location 값을 마우스 오른쪽 버튼으로 클릭하면 다음 메뉴에 접근할 수 있습니다.

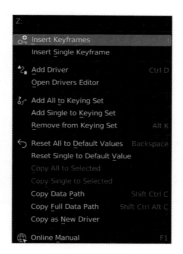

그림 7.26 – Mapping 노드의 Z Location에 키프레임 삽입

6 **Insert Keyframes**를 클릭하면 **Timeline** 편집기의 첫 번째 Frame에 새 키프레임이 삽입됩니다. 이는 애니메이션의 첫 번째 Frame에서 **Mapping** 노드의 Z Location이 0m로 설정되었음을 의미합니다.

즉시 노란색 다이아몬드 모양의 키프레임이 Timeline 편집기에 표시됩니다.

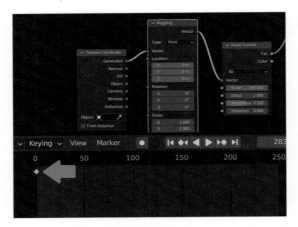

그림 7.27 – Timeline 편집기의 첫 번째 Frame에 키프레임 삽입

키프레임이 보이지 않는다면 **Mapping** 노드가 선택되지 않은 것입니다. **Timeline** 편집기에서 키프레임 다이아몬드 모양을 보려면 **Shader Editor**에서 **Mapping** 노드를 마우스 왼쪽 버튼으로 클릭해 줘야 합니다.

7. 이제 Frame 100으로 이동하겠습니다.

그림 7.28 – Timeline 편집기에서 Frame 100으로 건너뛰기

8 Z Location을 마우스 오른쪽 버튼으로 클릭하고 **Insert Keyframes**를 선택하고 **Mapping**의 **Z** Location을 1m로 늘립니다.

이제 두 개의 키프레임을 삽입했습니다.

- 첫 번째 키프레임은 Frame 1에 있습니다. **Mapping** 노드의 **Z** 값이 0m로 설정되어 있습니다.
- 두 번째 키프레임은 Frame 100에 있습니다. **Mapping** 노드의 **Z** 값이 1m로 설정되어 있습니다. 두 키프레임을 모두 삽입하면 **Timeline** 편집기에 두 개의 다이아몬드 모양이 생깁니다.

키프레임 1과 100의 경우 다음과 같습니다.

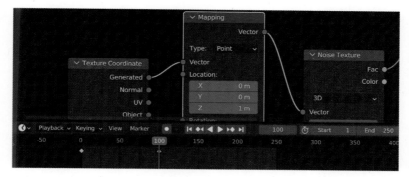

그림 7.29 – Timeline 편집기에서 100번째 Frame에 두 번째 키프레임 삽입

일반적으로 키프레임은 실제 시간에 기여합니다. **Output Properties** 탭에는 **Frame Rate** 라는 설정이 있습니다. 이 설정은 Timeline Frame 번호가 실제 시간과 관련되는 방식을 제어합니다.

기본적으로 **Frame Rate**가 **24 fps**로 설정되어 있습니다. 즉, 초당 24 Frame입니다.

그림 7.30 – 출력 속성에서 Frame 속도 확인

따라서 이 예에서는 4초(100 Frame을 24 fps로 나눈 값)의 시간 간격으로 파도가 1미터 이동합니다.

물 애니메이션은 Frame 100에서 중지되지만 어떻게 주기적으로 연속적으로 만들 수 있는지 알아보도록 합니다.

반복되는 애니메이션 만들기

마지막으로 해야 할 일은 물결의 움직임을 지속시키는 것입니다. 지금까지는 Frame 100에서 멈춥니다.

즉, Frame 100 또는 애니메이션 재생 후 4초가 지나면 물이 다시 정지하게 됩니다.

이 그림을 주기적으로 만들려면 Timeline 편집기에서 Shift + E 를 누르고 MakeCyclic(F-Modifier)을 선택합니다.

그림 7.31 — Timeline 편집기에서 Shift + E 를 눌러 애니메이션을 반복하게 만들기

| 요약

이 장에서는 사실적인 물 쉐이더를 만들어 강에 적용하는 과정을 살펴보았습니다. GlassBSDF와 TransparencyBSDF 노드를 혼합하여 멋진 반사 및 굴절 표면을 만드는 방법을 배웠습니다. 그다음 Noise Texture를 사용하여 수면에 미묘한 물결 효과를 추가했습니다. 마지막으로 Timeline 편집기에 키프레임을 삽입하여 표면의 물결에 애니메이션을 적용하는 방법을 배웠습니다.

다음 장에서는 진흙과 잔디, 두 가지 텍스처를 사용하여 지형의 텍스처를 개선할 것입니다. Texture Paint를 사용하여 멋진 진흙과 잔디를 지형에 그려내는 방법을 배울 것입니다.

8장

절차적
진흙 재질 만들기

:

이 장에서는 절차적 텍스처링으로 사실적인 진흙 재질을 만들고 이전 장에서 만든 지형의 바닥을 텍스처링할 것입니다. 물웅덩이, 돌, 진흙 등 세부 사항을 추가하고 이러한 모든 요소를 하나의 복잡하고 사실적인 결과로 결합하는 다양한 세부 층을 만들어 결합하는 방법을 배웁니다.

우리는 블렌더의 믿을 수 없을 정도로 강력한 노드 편집기의 무한한 잠재력을 활용하여 처음부터 사용자 정의 가능한 고급 절차적 텍스처를 만드는 방법을 배웁니다.

노드 설정을 체계적이고 사용하기 쉽게 유지하는 방법을 배울 것입니다.

이 장에서는 다음 주제를 다룹니다.

- 절차적 텍스처링으로 사실적인 진흙 재질 만들기

❙ 기술 요구 사항

이 장은 블렌더 버전 3.0 이상을 실행할 수 있는 Mac 또는 PC가 필요합니다. GitHub에서 이 장의 리소스를 다운로드할 수 있습니다.

https://github.com/PacktPublishing/3D-Environment-Design-with-Blender/
tree/main/chapter-8

❙ 절차적 텍스처링으로 사실적인 진흙 재질 만들기

블렌더에서 절차적 텍스처링을 사용하여 진흙 재질을 만들어 보겠습니다. 먼저 진흙의 특성을 이해해야 합니다. 진흙을 부수면 그것이 흙, 돌, 양토 및 기타 재질의 조합이며 모든 것이

물과 혼합되어 있으므로 블렌더에서 절차적으로 생성할 요소는 다음과 같습니다.

- 물웅덩이
- 흙
- 돌

여러분들 동기를 부여하기 위해 이 장을 마칠 때 달성할 수 있는 최종 결과를 보여 드리자면 다음과 같습니다.

그림 8.1 – 진흙 재질의 최종 결과

이 장을 건너뛰고 아래 GitHub 링크에서 찾을 수 있는 블렌더 파일을 다운로드하여 최종 결과를 사용할 수 있습니다.

https://github.com/PacktPublishing/3D-Environment-Design-with-Blender/
blob/main/chapter-8/Procedural%20Mud%20Material.zip

진흙 재질 생성부터 시작해보겠습니다.

진흙 재질 만들기

진흙 재질을 만들기 위해 새로운 블렌더 장면을 시작하고 [Shift] + [A]를 누르고 UV Sphere를 선택하여 구체를 추가합니다. Sphere 객체는 우리의 환경 프로젝트와 아무 관련이 없습니다. 단지 진흙 재질을 표시하려는 방법일 뿐입니다. 나중에 진흙을 지형에 할당하면 제거할 것입니다.

기본적으로 Sphere 객체에는 선명한 선들이 표시되므로 부드럽게 보이도록 합니다. Mesh를 부드럽게 하려면 다음 그림에서 볼 수 있듯이 구를 마우스 오른쪽 버튼으로 클릭하고 Shade Smooth를 선택합니다.

Sphere 객체를 선택한 상태에서 Material Properties로 이동하여 Mud라는 새 재질을 추가합니다.

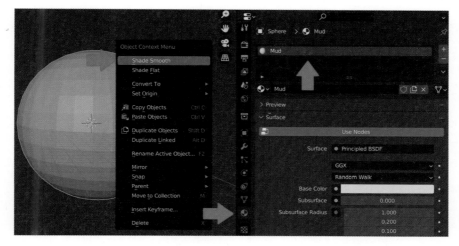

그림 8.2 – Sphere 객체에서 Shade Smooth 사용 및 Mud라는 재질 추가

진흙 재질 작업을 시작할 수 있도록 아래쪽 창을 기본 타임라인에서 Shader Editor로 전환합니다. 기본적으로 Material Output에 연결된 Principled BSDF 노드가 있습니다.

그림 8.3 – Principled BSDF 및 Material Output 노드

재질을 생성하고 Sphere 객체에 할당했으므로 진흙 재질의 생성의 첫 번째 단계인 물웅덩이를 추가하는 것부터 시작하겠습니다.

진흙 재질을 위한 물웅덩이 만들기

물웅덩이를 만들려면 다음 단계를 수행합니다.

1 Shader Editor에서 Noise Texture를 추가하고 Detail 값을 7.5로 높입니다.

2 ColorRamp 노드를 추가하고 여기에 Noise Texture를 연결합니다.

3 흰색 마커를 선택하고 Pos 값을 0.45로 설정하고 검은색 마커를 0.6으로 설정합니다.

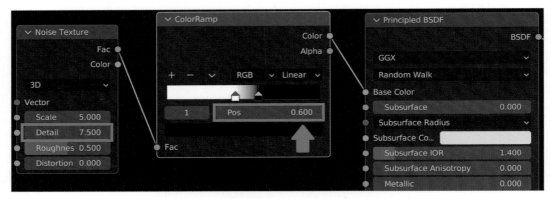

그림 8.4 – NoiseTexture를 ColorRamp에 연결한 다음 Principled BSDF에 연결

4 V(Value) 값을 0.180으로 설정하여 검은색 마커의 색상을 밝은 회색으로 변경합니다.

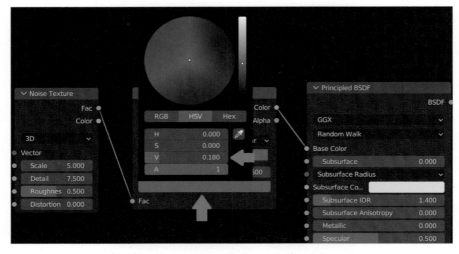

그림 8.5 – ColorRamp 마커의 색상 변경

이제 재질을 확인하기 위해 3D 뷰포트로 돌아가서 $\boxed{Z}$ 를 누르고 Material Preview로 전환합니다. 우리의 재질이 어떻게 보이는지 알 수 있습니다.

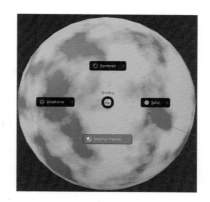

그림 8.6 –
구체에 적용된 Water Puddles 노드 설정

재질이 마치 달처럼 보이지만 걱정할 필요가 없습니다. 지금 우리에게 필요한 것은 흰색과 회색 반점뿐입니다. 나중에 우리는 이 영역을 사용하여 진흙과 물을 분리할 것이므로 결과물은 정말 멋지게 보일 것입니다.

지금은 더 자세한 내용을 진행하고 노드 설정을 크고 혼란스럽게 만들기 전에 이를 정리할 방법을 찾아야 하므로 Frame 노드에 대해 알아보겠습니다.

Frame 노드를 사용하여 노드 설정 구성

Frame은 관련된 노드들을 공통 영역에 정리하는데 사용되는 노드입니다. 이 영역에 특정 이름과 특정 색상을 지정하여 다른 Frame과 다르게 만들 수 있습니다.

생성한 **물웅덩이**(Water Puddles) 노드를 Frame 노드 안에 배치하기 위해 Shader Editor 에서 $\boxed{Shift}$ + $\boxed{A}$ 를 누르고 Layout으로 이동한 다음 Frame을 클릭합니다. 작은 빈 검은 색 Frame이 나타납니다.

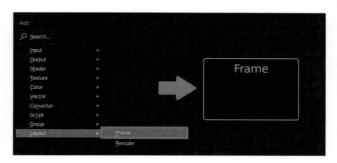

그림 8.7 – Frame 노드를 추가하여 노드 설정 구성

이제 Noise Texture 및 ColorRamp 노드를 선택하고 Ⓖ를 눌러 Frame 방향으로 이동시킵니다. Ⓝ을 눌러 오른쪽 패널 위의 Label 이름을 원하는 대로 변경할 수도 있습니다.

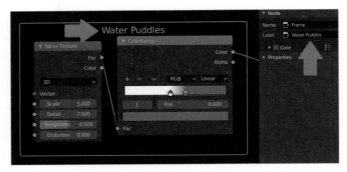

그림 8.8 – NoiseTexture와 ColorRamp를 Frame 안에 넣고 Water Puddles로 이름짓기

이제 Frame 노드 내부에 물웅덩이 노드를 구성했으므로 진흙 재질에 작은 돌 디테일을 추가해 보겠습니다.

진흙 재질에 돌 추가하기

돌을 추가하기 위해 Musgrave라는 다른 텍스처 노드를 사용합니다.

Musgrave Texture는 절차적 노이즈 텍스처를 추가하는 데 사용되는 노드입니다. Fractal Noise는 다른 크기의 노이즈를 생성하는 노드입니다. 우리는 그것을 사용하여 다른 크기를 가진 돌을 생성할 것입니다.

Musgrave Texture를 추가하려면 ⎡Shift⎤ + Ⓐ를 누르고 Musgrave Texture를 검색합니다. Noise Texture와 마찬가지로 ColorRamp 노드에 연결합니다.

Musgrave Texture 설정의 경우 다음 단계를 따르도록 합니다.

1 Scale 값을 25로 설정합니다.

2 Detail을 5로 높입니다.

3 Dimension 설정의 경우 1.5로 늘립니다.

다음으로 Musgrave Texture를 ColorRamp 노드에 연결합니다. ColorRamp 설정은 다음을 따릅니다.

1 회색 마커 위치를 0.45로 변경합니다.

2 검은색 마커 색상의 경우 V 값을 0.13으로 변경합니다. V 값을 찾으려면 그림 8.5를 확인합니다.

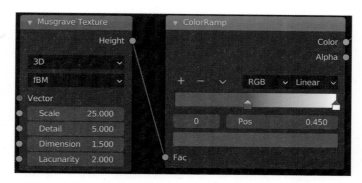

그림 8.9 – Musgrave Texture 추가 및 ColorRamp에 연결

3 이제 돌 재질을 보기 위해 물웅덩이 노드 설정을 분리하고 대신 **Principled BSDF** 노드의 BaseColor에 ColorRamp를 연결해 보겠습니다.

이 연결은 일시적인 것으로 Musgrave Texture가 ColorRamp 노드와 어떻게 작동하는지 개별적으로 확인하기 위함입니다.

다음은 Musgrave Texture가 ColorRamp에서 작동하는 방식입니다.

그림 8.10 – 큰 돌 세부 영역

진흙 재질에 작은 돌과 큰 돌의 두 가지 유형의 돌을 추가할 것입니다. 변형은 사실적인 재질을 얻기 위한 핵심이므로 ColorRamp와 함께 Musgrave Texture를 선택하고 Shift + D 를 눌러 두 번 복제합니다. G 를 눌러 새 복제 노드를 아래로 이동할 수 있습니다.

이번에는 MusgraveTexture의 Scale 설정을 75로 늘릴 것입니다. 목표는 작은 돌을 만드는 것입니다.

다음으로 Mix 노드를 사용하여 두 Musgrave Texture 노드를 결합해야 합니다. Shader Editor에서 Mix 노드를 검색하고 첫 번째 ColorRamp 노드를 Mix의 첫 번째 슬롯에 연결한 다음 두 번째 ColorRamp 노드에 대해 같은 작업을 수행합니다. 다음 그림에서 노드 설정을 볼 수 있습니다.

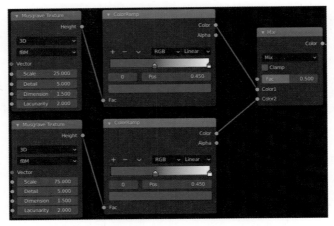

그림 8.11 – Mix 노드를 사용하여 두 개의 Musgrave Texture 노드 혼합

지금 바로 3D 뷰포트에서 재질을 살펴보겠습니다.

보시다시피 작은 점과 큰 점의 조합이 있습니다. 그들은 나중에 작은 돌로 사용됩니다.

Frame을 추가하고 이름을 Stones로 지정하여 정리하고 Color Ramp가 있는 두 개의 Musgrave Texture 노드를 넣습니다.

그림 8.12 – 작은 점과 큰 점의 혼합

Frame의 색상을 변경하여 다른 Frame과 다르게 만들 수도 있습니다. N을 눌러 오른쪽 패널에서 Label 아래의 Color 확인란을 선택합니다. 그런 다음 원하는 색상을 선택할 수 있습니다. 제 경우에는 Stones Frame을 빨간색으로 칠했습니다. 다음 그림에서 이를 확인할 수 있습니다.

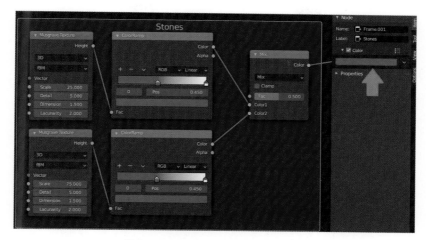

그림 8.13 – Stones 노드 Frame의 색상 변경

이제 Stones 노드 설정을 웅덩이와 결합해 보겠습니다.

웅덩이와 돌 결합하기

Stones 노드 설정을 웅덩이와 결합하기 위해 Mix 노드를 사용하겠습니다.

1 Mix 노드를 추가합니다.

2 혼합 유형(Blending Mode)을 **Multiply**로 설정합니다.

3 웅덩이 85%, 돌 25%가 되도록 혼합량을 0.85로 설정합니다.

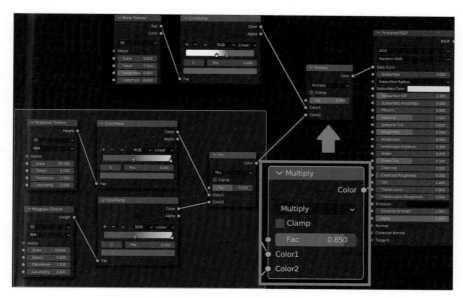

그림 8.14 – Mix 노드를 사용하여 물웅덩이와 돌을 결합

돌과 웅덩이를 결합한 후 진흙 재질에 세부 사항을 더 추가해 보겠습니다.

진흙 세부 사항 추가

현재 재질을 확인하면 세밀함이 없는 매끄러운 부분을 찾을 수 있습니다.

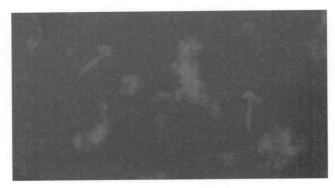

그림 8.15 – 진흙 재질의 빈 영역

우리는 이러한 영역을 채워야 합니다. 이를 위해 Noise Texture 노드를 사용할 것이므로 Shift + A 를 누르고 Noise Texture를 추가합니다.

Noise Texture 노드를 다음과 같이 설정합니다.

1 Scale을 1로 변경합니다.

2 Detail 값을 7.5로 늘립니다.

3 Roughness를 1로 높입니다.

그림 8.16 – Noise Texture 노드

이제 Water Puddles와 Stones 노드 설정을 이 새로운 Noise Texture와 혼합해야 합니다. 새 Mix 노드를 추가하고 다음과 같이 설정합니다.

1 혼합 유형을 **Multiply**로 설정합니다.

2 혼합 값을 0.9로 설정합니다.

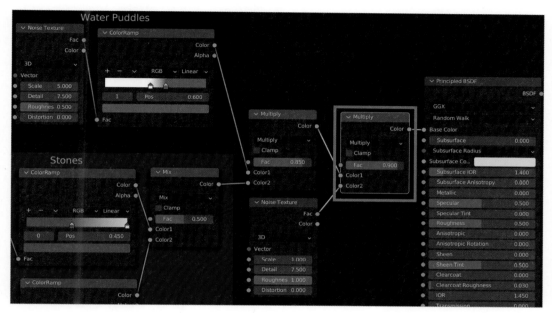

그림 8.17 – 진흙 재질 노드 설정

다음은 우리가 제작한 진흙 재질의 모습입니다.

그림 8.18 – 물웅덩이와 돌이 적용된 진흙 재질

이번에는 진흙의 핵심으로 진흙의 색상, 반사와 거칠기를 생성하겠습니다. 진흙의 색상에서부터 시작합니다.

진흙 재질에 색상 추가

진흙은 항상 갈색입니다. 갈색을 내기 위해 **ColorRamp** 노드를 추가하고 다음과 같이 설정합니다.

1 **+** 기호를 클릭하면 세 개의 마커를 가질 수 있습니다.

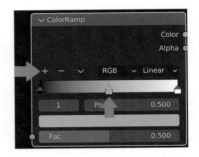

그림 8.19 –
ColorRamp에 세 번째 마커 추가

2 첫 번째 마커를 선택합니다. 마커 색상을 클릭하고 다음
    값을 변경합니다.
    H(Hue) 값을 0.14로
    S(Saturation) 값을 0.22로
    V(Value) 값을 0.08로

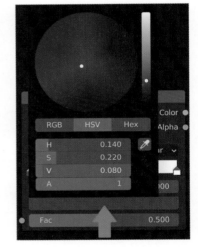

그림 8.20 – ColorRamp의 색상 변경

3 다음으로 가운데 마커를 선택하고 **Pos** 값을 0.17로 변경한 다음 마커 색상을 다음 값으로 변경
    합니다.
    H 값을 0.03으로
    S 값을 0.6으로
    V 값을 0.03으로

4 세 번째 마커의 경우 **Pos** 값을 0.227로 설정하고 마커 색상 세부 정보를 다음과 같이 설정합니다.

H 값을 0.08로

S 값을 0.288로

V 값을 0.1로

그러면 ColorRamp는 다음과 같이 표시됩니다.

그림 8.21 – ColorRamp 노드

이제 Multiply 혼합 유형과 0.9 **Fac** 값이 있는 마지막 Mix 노드를 이전 ColorRamp 노드의 왼쪽에 연결하고 ColorRamp 노드의 오른쪽을 Principled BDSF의 BaseColor에 연결합니다.

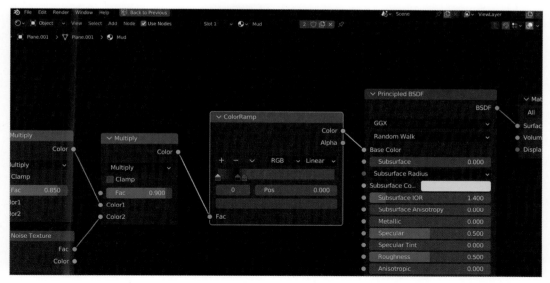

그림 8.22 – ColorRamp를 Base Color에 연결

전체 노드 설정의 모습은 다음과 같습니다.

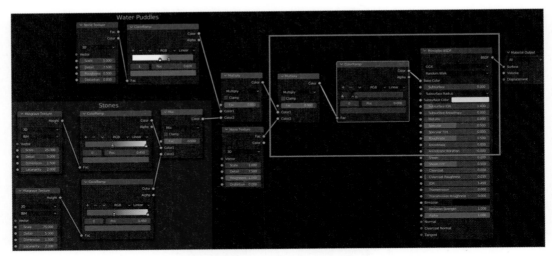

그림 8.23 – Base Color에 연결된 ColorRamp 노드를 강조 표시하는 진흙 노드의 전체 노드 설정

그리고 다음은 ColorRamp를 Principled BSDF의 Base Color 슬롯에 연결하면 보이게 되는 모습입니다.

그림 8.24 – Base Color 맵이 적용된 진흙 재질

이제 진흙 재질에 색상을 추가했으므로 다음 단계는 반사와 관련된 Roughness 맵 작업입니다.

진흙 재질에 반사 추가하기

우리는 물웅덩이가 빛을 반사하도록 만들어야 하는 반면 진흙 반점은 덜 반사되어야 합니다.

이 목표를 달성하기 위해 다른 ColorRamp 노드를 추가하고 다음과 같이 설정합니다.

- 첫 번째 검은색 마커를 선택하고 Pos 값을 0.05로 설정합니다.
- 두 번째 흰색 마커의 Pos 값을 0.2로 변경하고 색상을 클릭한 다음 V 값을 0.62로 변경하여 흰색을 회색으로 만듭니다. ColorRamp 노드는 다음과 같이 표시됩니다.

그림 8.25 – ColorRamp 노드

이제 Multiply 혼합 유형과 0.9 Fac 값이 있는 마지막 Mix 노드를 그림 8.25의 ColorRamp 노드의 왼쪽에 연결하고 ColorRamp 노드의 오른쪽을 Principled BDSF의 Roughness 슬롯에 다음과 같이 연결합니다.

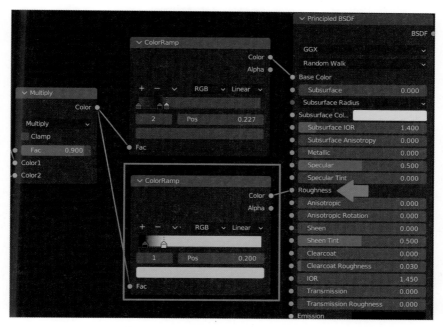

그림 8.26 – ColorRamp를 Roughness 맵에 연결

전체 노드 설정을 보려면 다음과 같이 표시됩니다.

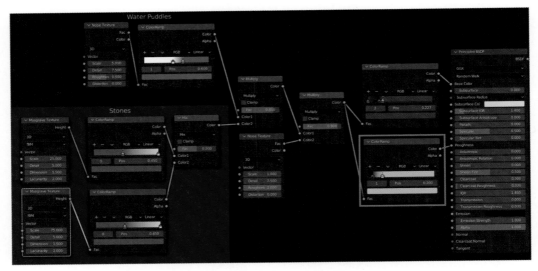

그림 8.27 – 진흙 노드의 전체 노드 설정과 Roughness 맵에 연결된 ColorRamp 노드

Roughness가 적용된 재질의 모습은 다음과 같습니다.

그림 8.28 – Roughness 맵이 적용된 진흙 재질

물웅덩이와 진흙을 구분하는 올바른 반사가 있는 진흙 색상이 생겼습니다. 다음 단계는 범프 세부 정보를 추가하는 것입니다.

진흙 재질에 Bump 추가

진흙에 Bump를 추가하기 위해 새로운 ColorRamp 노드를 사용할 것입니다. ColorRamp 추가하고 다음을 설정합니다.

1 첫 번째 검은색 마커를 선택하고 **Pos** 값을 0.1로 설정합니다.

2 두 번째 마커의 경우 **Pos** 값을 0.47로 변경하고 색을 클릭해서 **V** 색상 값을 0.62로 변경합니다. 설정은 다음과 같아야 합니다.

그림 8.29 – ColorRamp 노드

이제 이 ColorRamp 노드를 작동시켜 보겠습니다.

이 ColorRamp 노드를 Principled BSDF의 일반 채널에 연결하려면 다음을 수행해야 합니다. 먼저 Normal 맵으로 변환합니다. 이를 위해 Bump라는 새 노드를 사용합니다. 이 Bump 노드를 검색해 보겠습니다. 이 노드는 다음과 같습니다.

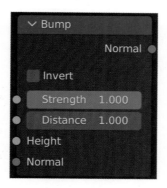

그림 8.30 – Bump 노드

이제 Multiply 혼합 유형과 0.9 Fac 값이 있는 마지막 Mix 노드를 이 ColorRamp 노드의
왼쪽에 연결하고 ColorRamp 노드의 오른쪽을 Bump 노드의 Height 슬롯에 연결하면 다음
과 같습니다.

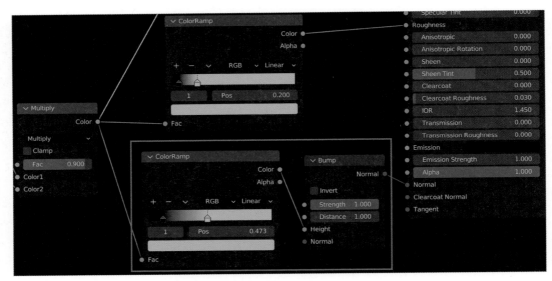

그림 8.31 – ColorRamp 노드를 Bump 노드에 연결

다음은 전체 노드의 모습입니다.

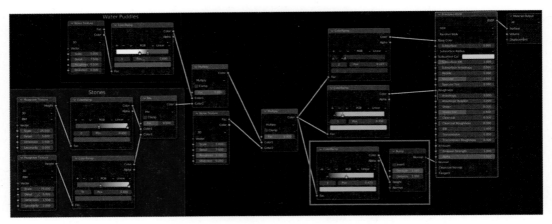

그림 8.32 – 진흙 노드의 전체 노드 설정. Bump 노드에 연결된 ColorRamp 노드 강조 표시

미묘한 미세 굴곡을 생성하려면 Bump 노드의 Strength 값을 0.25로 줄여야 합니다. 이제
3D 뷰포트로 돌아가면 재질이 다음과 같이 표시됩니다.

그림 8.33 – Bump 맵이 적용된 진흙 재질

진흙 재질에 범프를 적용했으므로 다음 단계는 Displacement 맵을 사용하여 실제 형상 세부 정보를 추가하는 것입니다.

진흙 재질에 Displacement 추가

Displacement 맵 생성에 대해 자세히 알아보기 전에 먼저 Displacement 맵핑을 이해해 보겠습니다.

Displacement 맵핑을 사용하면 텍스처가 렌더링된 객체의 버텍스 위치를 조작할 수 있습니다. 돌출된 지형 느낌을 주기 위해 음영이 왜곡되는 Normal 또는 Bump 맵핑과 달리 Displacement 맵은 실제로 미세한 굴곡을 만듭니다.

Displacement 세부 정보를 추가하려면 먼저 렌더 엔진을 Cycles로 전환해야 합니다. 다음과 같이 오른쪽 패널의 Render Properties에서 이를 수행할 수 있습니다.

그림 8.34 – Render Engine을 Cycles로 전환

그런 다음 구체를 선택한 상태에서 **Material Properties**로 이동하고 **Settings**까지 아래로 스크롤 합니다. **Surface** 탭에서 **Displacement**를 찾을 수 있습니다. **Displacement**를 클릭하고 **Displacement and Bump**로 변경합니다.

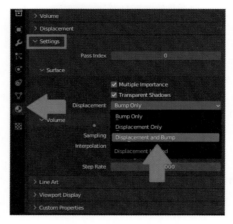

그림 8.35 – Displacement 유형을 Bump Only에서 Displacement and Bump로 전환

이제 진흙 노드 설정으로 돌아가서 **Displacement**라는 새 노드를 추가해 보겠습니다.

그림 8.36 – Displacement 노드

이 **Displacement** 노드를 제어하기 위해 **ColorRamp** 노드를 추가하고 다음 설정으로 지정합니다.

1 검은색 마커를 선택하고 **V** 값을 1로 설정하여 완전히 흰색으로 만듭니다.

2 두 번째 마커를 선택하고 **Pos** 값을 0.56으로 설정하고 **V** 값을 0.81로 설정합니다. **ColorRamp** 노드는 다음과 같이 표시됩니다.

그림 8.37 – ColorRamp 노드

이 ColorRamp 노드는 진흙 재질에 두 가지 작업을 수행합니다.

• 첫째, Displacement의 강도를 감소시킵니다.

• 둘째, WaterPuddles 영역에서 Displacement 세부 정보를 제거하여 평평하게 유지합니다.

여기 그림의 왼쪽 구에는 ColorRamp 노드가 적용되지 않은 반면 오른쪽 구에는 ColorRamp
가 적용되었습니다.

그림 8.38 – 진흙 재질에서 ColorRamp 노드를 사용하지 않는 것과 사용한 재질의 차이

이제 Displacement에 대한 맵으로 물웅덩이를 만드는 데 사용한 첫 번째 Noise Texture
노드를 사용해야 하므로 Noise Texture를 바로 ColorRamp에 연결하겠습니다.

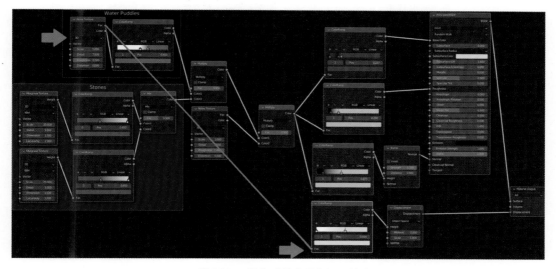

그림 8.39 – 진흙 재질의 전체 노드 설정

이제 진흙 재질의 Displacement 맵이 작동합니다. 제대로 작동하는지 확인하려면 Rendered
모드로 전환해야 하지만 그 전에 장면의 조명을 개선해 보겠습니다.

장면에 적절한 조명 설정

장면의 조명을 변경하려면 Shader Editor를 World로 전환해야 합니다. Shader Editor 상단에는 Object 모드에서 World 모드로 전환할 수 있는 옵션이 있으며 World 모드에서는 환경의 조명을 조정할 수 있습니다.

다음 그림과 같이 World로 전환해 보겠습니다.

그림 8.40 – Object에서 World로 Shader Editor 모드 전환

기본적으로 Background와 World Output이라는 두 개의 노드가 있습니다. 그림 8.41과 같이 Sky Texture라는 새 노드를 검색하여 추가하고 Background 노드에 연결해 보겠습니다. 또한, Background 노드의 Strength 값을 0.5로 줄이고 다음과 같이 노드를 연결해야 합니다.

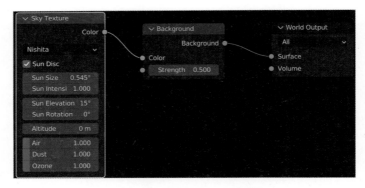

그림 8.41 – SkyTexture 조명 설정

이제 3D 뷰포트로 돌아가서 Z를 누르고 음영 모드를 Rendered로 전환합니다. 진흙 재질의 최종 결과는 다음과 같습니다.

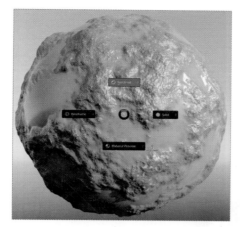

그림 8.42 – 진흙 재질의 최종 결과

이제 다 되었습니다. 블렌더에서 절차적 텍스처링을 사용하여 멋지고 사실적인 진흙 재질을 만들었습니다. 이제 우리가 만든 진흙 재질을 사용하여 지형의 바닥 부분에 텍스처를 적용할 차례입니다.

지금은 이 블렌더 파일을 Procedural Mud Material로 저장하겠습니다. 다음 장에서 이 블렌더 파일을 사용할 것입니다.

| 요약

이 장에서는 절차적 방법을 사용하여 사실적인 진흙 재질을 만드는 과정을 살펴보았습니다.

블렌더에서 Noise Texture를 ColorRamp 노드와 결합하고, Musgrave Texture를 사용하여 돌의 세부 사항을 추가하고, Frame 노드를 추가하여 노드 설정을 정리하였습니다. 진흙 재질에 색상을 추가하고, 반사, Bump 및 Displacement 맵을 추가하여 물웅덩이를 만드는 방법을 배웠습니다. 마지막으로 구체에 적용한 진흙을 렌더링하기 위해 멋진 조명을 적용했습니다.

다음 장에서는 유기적 마스크를 만들고 우리가 만든 진흙 재질을 사용하여 지형의 바닥 부분에 텍스처를 적용할 것입니다.

9장

진흙 재질로
지형 텍스처링하기

:

이 장에서는 이전 장에서 만든 바위 같은 눈과 진흙이라는 두 가지 다른 재질을 혼합하여 지형에 텍스처를 입힐 것입니다. 이를 위해 우리는 유기적이고 멋지게 보이는 방식으로 진흙과 눈을 분리하는 마스크를 사용할 것입니다.

같은 객체에서 두 가지 재질의 혼합이 발생할 위치와 정도를 제어하는 것이 편할 것입니다. 다양한 재질을 혼합할 수 있다는 것은 고유한 재질을 생성하고 이를 객체에 적용하는 데 도움이 되는 훌륭한 기술입니다.

이 장의 두 번째 부분에서는 그룹을 사용하여 노드 설정을 최적화하고 구성하는 방법을 배웁니다. 이는 복잡한 재질 노드를 작업할 때 습득해야 하는 중요한 기술입니다. 노드 그룹화를 사용하면 복잡함을 숨겨 노드 트리를 단순화할 수 있습니다.

특정 재질과 관련된 모든 노드를 필요한 필수 매개변수만 있는 단일 그룹 노드로 묶는 방법을 배우게 됩니다.

이 장에서는 다음 주제를 다룹니다.

- 진흙 재질 가져오기
- 텍스처링 마스크 만들기

| 기술 요구 사항

이 장은 블렌더 버전 3.0 이상을 실행할 수 있는 Mac 또는 PC가 필요합니다.

| 진흙 재질 가져오기

가장 먼저 해야 할 일은 진흙 재질을 지형 장면으로 가져오는 것이므로 **7장. 사실적이고 자연스러운 물 제작 및 애니메이션**의 지형 장면으로 돌아가 보겠습니다. 이 장면에는 진흙 재질이 없고 지형에 적용된 바위와 눈 재질만 있습니다.

바위 눈 재질이 적용된 지형은 다음과 같습니다.

그림 9.1 – 7장의 지형 최종 결과

Mud 재질을 가져오기 위해 Append 기능을 사용합니다.

Append 기능을 사용하면 다른 블렌더 파일에서 불러온 재질, 객체 및 기타 데이터를 재사용할 수 있습니다. Appned 기능을 사용하여 Mud 재질을 가져오겠습니다.

1 블렌더 장면 상단에서 **File**로 이동여 **Append**를 선택합니다.

그림 9.2 – Append 기능 클릭

2 파일을 탐색할 수 있는 작은 창이
나타납니다. **Mud Material** 블렌더
파일을 선택하고 클릭합니다.

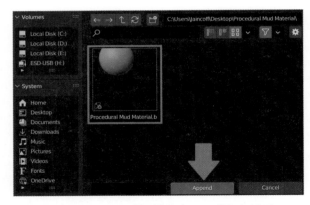

그림 9.3 – Append를 사용하여 Mud 재질 가져오기

3 여러 폴더에 액세스할 수 있으며
가져와야 하는 항목은 재질이므로
Material 폴더를 선택해야 합니다.

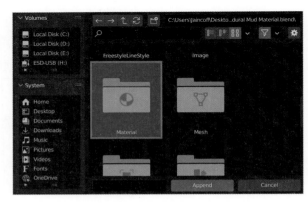

그림 9.4 – Mud 재질을 가져오기 위해 Material 폴더 클릭

그런 다음 우리가 찾고 있는 재질인
Mud를 찾을 수 있습니다. 해당 재질
을 클릭하고 **Append**를 선택합니다.

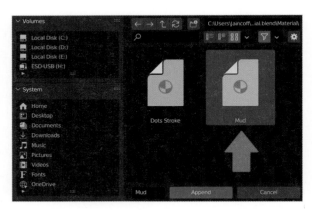

그림 9.5 – Append를 사용하여 Mud 재질 가져오기

이제 Mud 재질은 Material 라이브러리의 일부입니다. 지형 재질 콜렉션에 Mud를 추가해 보겠습니다.

1 지형 객체를 선택합니다.

2 **Material Properties**로 이동합니다.

3 새 재질을 추가하고 **Mud**를 선택합니다.

그림 9.6 – 지형에 Mud 재질 추가

이제 우리는 Mud 재질을 지형 일부로 가지게 되었습니다. 아직 Mud 재질을 지형에 적용하지 않았기 때문에 어떤 변화도 보이지 않을 것입니다. 지형에 할당하기 전에 노드를 최적화하고 관리하여 잘 추적하기 위해 Mud 재질을 정리합니다.

그룹을 사용하여 Mud 노드 설정

노드를 그룹화하면 복잡함을 줄여 노드 구조를 단순화할 수 있습니다. 간혹 재질 작업을 할 때 노드 구조가 점점 커져서 노드를 제어하기 어려울 때도 있습니다.

여기서 노드 그룹화가 유용합니다. 이를 통해 재질과 관련된 모든 노드와 재질을 사용자 정의하는 데 필요한 필수 매개변수만 있는 단일 노드로 결합할 수 있습니다.

그러한 관점에서 다음에 보이게 될 그림이 Mud 재질 노드 설정입니다.

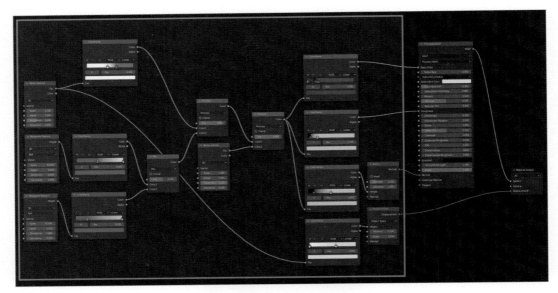

그림 9.7 – Mud 재질 노드 설정

Mud 노드 설정에는 16개의 노드가 있으며 모든 설정을 추적하기가 매우 어려워 보입니다. 그림 9.7은 모든 Mud 노드를 그룹화한 후의 모습입니다. 필요한 매개변수인 Water Puddles, Stones 그리고 Mud Noise만 있는 단일 노드입니다.

그림 9.8 – Mud 재질의 노드 그룹

Mud 노드를 그룹화하기 위해 Principled BSDF 및 Material Output 노드를 제외한 모든 Mud 재질 노드를 선택하고 그림 9.9의 녹색 박스와 같이 Ctrl + G를 누릅니다.

노드 그룹이 생성되면 새로운 Group Input 및 Group Output 노드가 생성되어 그룹으로 들어오고 나가는 데이터 흐름을 나타냅니다.

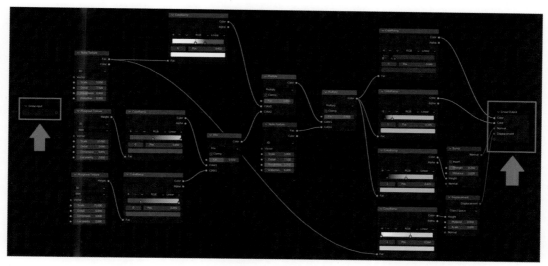

그림 9.9 – 그룹 입력 및 그룹 출력 강조 표시

노드 설정의 왼쪽에 표시되는 첫 번째 노드는 Group Input 입니다. 나머지 부분과 연결이 끊어져 있습니다.

Group Input은 원래 노드 설정의 정보를 저장하는 데 사용됩니다. 이를 사용하여 노드 설정을 사용자 지정할 수 있습니다.

그림 9.10 – 그룹 입력 노드

그룹을 만들 때 갖게 될 두 번째 노드는 Group Output입니다. Group Output 노드의 목적은 노드 트리의 결과를 표시하는 것입니다.

이 노드에는 Base Color, Roughness, Normal, 그리고 Displacement인 Principled BSDF에 대해 채운 출력 슬롯이 있습니다.

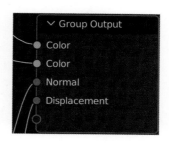

그림 9.11 – 그룹 출력 노드

이제 그룹 노드를 종료하려면 Tab 을 누르거나 블렌더 장면 상단에 있는 화살표를 누릅니다.

그림 9.12 – 노드 그룹을 종료하는 화살표 기호

그룹을 종료하면 단일 노드로 표시됩니다. 이러한 방식으로 전체 Mud 노드 설정을 쉽게 조작
할 수 있는 단일 노드로 변환했습니다.

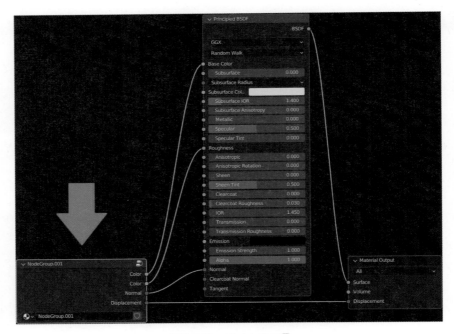

그림 9.13 – Mud 노드 그룹

Mud 그룹 설정을 변경하려면 어떻게 해야 할까요? 노드 설정을 다시 추출하고 노드를 조정
해야 합니다. 하지만 필요한 중요한 값을 이 노드에 입력할 수 있다면 어떨까요? 그것이 우리
가 지금 할 일입니다.

노드 그룹에 사용자 지정 설정 추가

사용자 지정 설정을 추가하려면 Group Input 노드로 돌아가야 합니다. 먼저 노드 그룹을 편집하고 노드를 선택한 다음 마우스 오른쪽 버튼으로 클릭하고 Edit Group을 클릭해야 합니다. 노드 그룹 편집을 위한 단축키는 Tab 입니다.

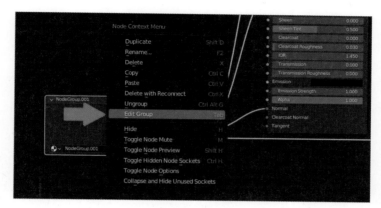

그림 9.14 – 진흙 노드 그룹 편집

진흙 예제에서 Mud 재질과 관련된 매개변수를 그룹에 전달하려면 Group Input에 소켓을 추가해야 합니다. 그러기 위해서는 Group Input 노드 우측의 빈 소켓에서 입력이 필요한 노드의 원하는 입력 소켓으로 연결을 드래그하면 됩니다.

여기 예제에서는 Noise Texture의 Scale 값을 제어하기 위해 Group Input에 매개변수를 추가했습니다.

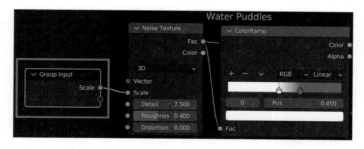

그림 9.15 – Noise Texture Scale 슬롯에 그룹 입력 연결

N을 누르고 **Group** 탭으로 이동하면 슬롯 이름을 변경할 수 있습니다. 우리의 경우, Water Puddles로 변경하겠습니다.

- **Name**: 값을 변경하여 노드 그룹의 이름을 변경할 수 있습니다.
- **Group**: 탭에서 사용자 지정 설정의 이름을 변경할 수 있습니다.
- **Default**: Mud 노드 그룹에서 기본적으로 표시되는 값을 나타냅니다.
- **Min 및 Max** 값을 사용하여 초과해서는 안 되는 범위를 설정할 수 있습니다.

그림 9.16 – Mud 노드 그룹의 이름 변경

Group Output 슬롯 이름도 변경해야 합니다. **Output** 탭에서 다음을 변경해야 합니다. Group Output 슬롯의 이름을 순서대로 다음 이름으로 바꿉니다.

- Base Color
- Roughness
- Normal
- Displacement

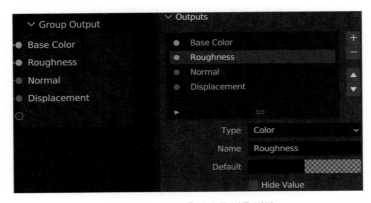

그림 9.17 – 그룹 출력 슬롯 이름 변경

Stones 디테일의 양과 Mud Noise 텍스처의 배율과 같은 더 많은 매개변수를 Mud 그룹에 추가할 수 있습니다. 이렇게 하면 노드 그룹에 Mud 재질을 사용자 지정하는 데 필요한 세부 정보가 포함됩니다.

그림 9.18 – Mud 노드 그룹

이제 Mud 재질을 가져와 단일 그룹 노드로 만들었으므로 노드 그룹 라이브러리에 저장됩니다. 이제 텍스처를 지형에 적용하는 데 필요한 마스크를 만들 차례입니다.

▌ 텍스처링 마스크 만들기

자연에서 눈 덮인 산은 위에서 아래로 녹습니다. 산꼭대기는 눈이 가장 늦게 녹는 부분으로, 눈이 녹으면서 산꼭대기에 진흙이 생깁니다. 맨 아래. 우리는 바위 같은 눈과 진흙을 자연스럽게 합칠 수 있는 마스크를 만들어서 이것을 복제할 것입니다.
마스크는 혼합이 발생하는 위치와 정도를 결정하는 회색 음영 텍스처입니다. 그레이 스케일은 흑백을 의미합니다.

마스크를 만들기 위해 지형 객체를 선택한 다음 Material Properties에서 Mountain 재질을 선택합니다.

그런 다음 Mountain 재질의 Principled BSDF에 연결된 모든 노드를 연결 해제하고 다음 과정에 따라 마스크를 생성합니다.

1 Texture Coordinate 노드를 추가합니다.

2 Texture Coordinate의 Generated 슬롯을 Separate XYZ 노드에 연결합니다.

3 Separate XYZ에 있는 Z를 ColorRamp 노드에 연결합니다.

4 ColorRamp에 새 마커를 추가하고 빨간색으로 지정합니다.

Separate XYZ는 ColorRamp에 있는 색상을 기반으로 지형의 Mesh를 분리합니다. Separate XYZ의 Z를 사용하면 Z축을 따라 색상이 세로로 분포됩니다. 다른 축인 X와 Y도 마찬가지입니다.

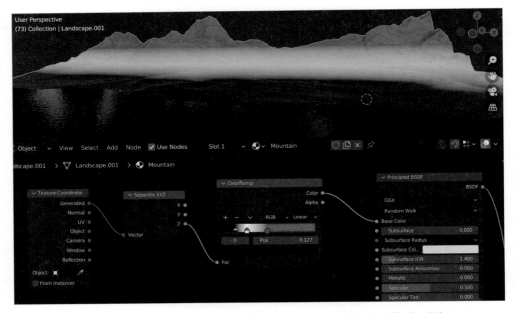

그림 9.19 – Separate XYZ 노드를 사용하여 검정, 흰색 및 빨강으로 지형 텍스처링

우리의 경우 위쪽에는 눈, 아래쪽에는 진흙과 같은 재질의 수직 분포가 필요하므로 Separate XYZ 노드에 대해 Z축을 계속 사용할 것입니다.

빨간색 영역은 Separate XYZ 노드의 작동 방식을 보여주기 위한 것입니다. ColorRamp에서 ⊟를 눌러 삭제할 수 있습니다. 이것이 우리 마스크의 모습입니다.

다음과 같이 흰색 및 검은색 마커를 왼쪽으로 이동시킵니다.

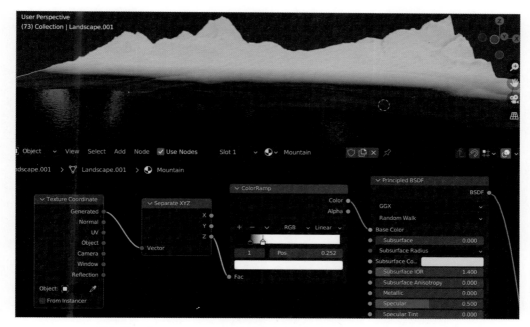

그림 9.20 – Separate XYZ 노드를 사용하여 흑백 색상으로 지형 마스크 텍스처링

그림 9.20에서 가장자리 선을 볼 수 있습니다. 나중에 흰색 영역을 눈으로 만들고 검은색 영역을 진흙으로 할당할 것입니다.

하지만 지금은 검은색과 흰색을 구분하는 선이 매끄럽게 보이지 않는 문제가 있습니다. 유기적이고 자연스러워 보이도록 만들어야 합니다. 이를 위해 Noise Texture 노드를 추가하고 다음 설정으로 지정합니다.

- Scale을 25.000으로 설정
- Detail을 10.000으로 설정
- Roughness를 0.700으로 설정

그런 다음 MixColor를 Multiply로 설정하여 Separate XYZ와 Noise Texture를 혼합합니다.

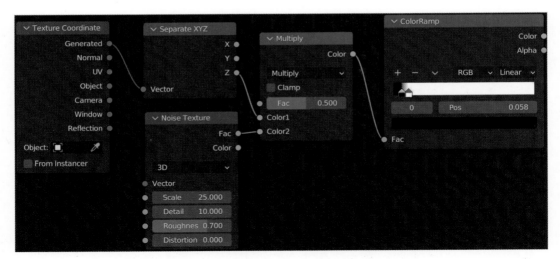

그림 9.21 – Separate XYZ 노드를 Noise Texture와 혼합

그러면 산이 다음과 같이 보일 것입니다.

그림 9.22 – 지형에 마스크 할당

이제 진흙과 바위, 눈 사이의 훌륭한 구분자 역할을 할 멋진 자연적인 경계선을 가지게 되었습니다!

노드 설정을 체계적으로 유지하기 위해 마스크를 그룹에 넣고 이름을 Mask로 지정합니다. 진흙 재질에 대해 이전에 수행한 것과 같은 작업을 수행하면 됩니다.

그림 9.23 – 마스크의 노드 그룹

이제 이 마스크를 사용하여 진흙과 바위 눈으로 지형을 텍스처링해 보겠습니다.

Ⅰ 진흙과 눈으로 지형 텍스처링

이제 우리가 만든 Mud 재질과 마스크를 사용할 차례인데, 그 전에 Mountain이라는 지형의 재질을 그룹으로 넣어 봅시다.

그룹을 사용하여 눈 지형 노드 설정 구성

이전 텍스처링 마스크 만들기에서 연결 해제한 Mountain 재질을 다시 연결해 보겠습니다. 다음으로 Mountain이라는 지형의 재질을 그룹에 넣어 노드 설정을 체계적으로 유지해 보겠습니다.

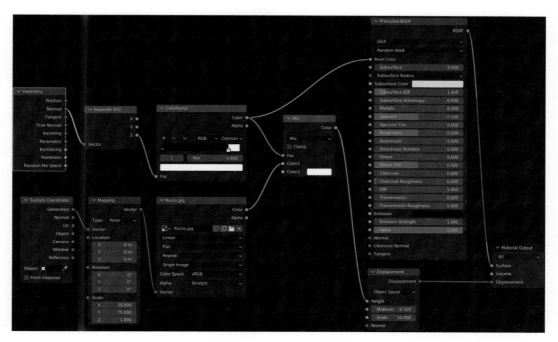

그림 9.24 – Mountain 노드 설정

Mud 그룹 재질에 대해 수행한 것과 같은 단계를 반복하고 그림 9.17에 표시된 대로 Mountain 재질의 Group Output 슬롯 이름을 바꾸는 것을 잊지 않도록 합니다. 이제 Mud, Mask 및 Mountain의 세 가지 노드 그룹이 있습니다.

생성한 모든 노드 그룹을 가져오겠습니다. 이제 블렌더 노드에 저장됩니다. Shader Editor 에서 Shift + A 를 누르고 그룹으로 이동한 다음 Mud와 Mud Mask를 클릭합니다.

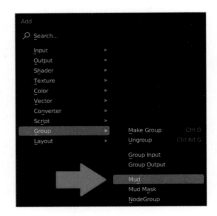

그림 9.25 – 그룹에서 Mud 찾기

여기에 우리가 만든 모든 그룹이 있습니다. 먼저 Mask 그룹이 있고, 두 번째 그룹은 Mud 재 질이고, 마지막으로 눈과 바위가 결합한 Mountain 그룹이 있습니다.

그림 9.26 – 모든 노드 그룹 결합

이제 Base Color를 혼합하도록 하겠습니다.

1 Mix 노드를 가져옵니다.

2 Mud Mask 단일 슬롯을 Mix의 Fac에 연결합니다.

3 Mud의 Base Color 슬롯을 Mix의 Color1 슬롯에 연결합니다.

4 Mountain의 Base Color 슬롯을 Mix의 Color2 슬롯에 연결합니다.

5 Mix의 오른쪽 색상 슬롯을 Principled BSDF의 Base Color 슬롯에 연결합니다.

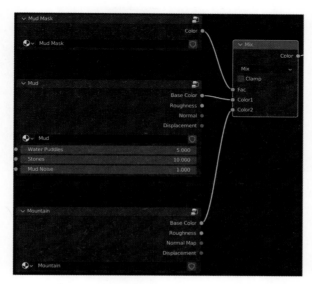

그림 9.27 – Mud Mask와 Mud 및 Mountain 재질 결합

Roughness, Normal 및 Displacement와 같은 다른 텍스처링 채널에 대해 만든 같은 연결을 반복해 보겠습니다.

주요 사항

• Mask는 항상 우리가 만들 4개의 Mix 노드의 Fac 슬롯에 연결해야 합니다. 그림 9.28을 확인하도록 합니다.

• Mud의 Roughness, Normal 및 Displacement 슬롯은 Color1에 연결해야 합니다.

• Mountain의 Roughness, Normal 및 Displacement 슬롯은 Color2에 연결해야 합니다.

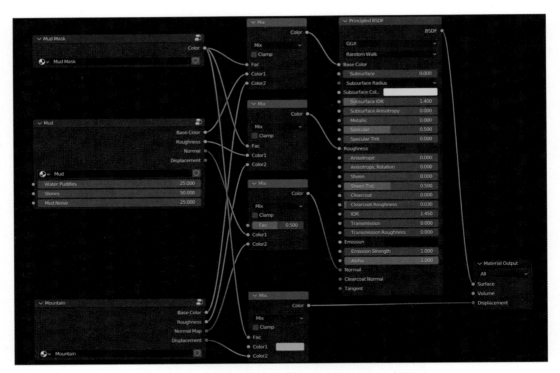

그림 9.28 – Mud Mask를 사용하여 Mud와 Mountain 혼합

그리하여 눈과 진흙으로 텍스처링한 지형의 결과입니다.

그림 9.29 – 바위 눈과 진흙으로 지형 텍스처링

지형이 선명한 색상으로 생생하게 보입니다! 다음 장에서는 바위와 풀을 추가하고 물 쉐이더를 개선하여 장면에 더 잘 맞도록 하겠습니다.

| 요약

이 장에서 우리는 눈과 진흙이라는 두 가지 다른 재질을 혼합하여 지형에 텍스처를 입히는 방법을 배웠습니다. 우리는 마스크를 사용하여 혼합이 발생하기를 원하는 위치와 정도를 제어하면서 같은 물체에 두 가지 다른 재질을 혼합하는 방법을 배웠습니다.

다음으로 노드 구조를 단순화할 수 있는 그룹을 사용하여 노드 설정을 최적화하는 방법을 배웠습니다.

다음 장에서는 바위, 돌, 풀과 같은 자연물을 생성하여 지형 장면을 풍부하게 만들겠습니다.

3부

자연물 제작하기

이번에는 환경을 채울 자연물을 만드는 데 중점을 둘 것입니다. 환경에 사실적이고 자연스러운 느낌을 주기에 완벽한 바위 디자인부터 시작하겠습니다. 그런 다음 실제 참고 자료를 기반으로 꽃을 만드는 방법을 배울 것입니다.

3부에서는 다음과 같은 내용들을 포함합니다.

(10장) 바위 제작하기

(11장) 사실적인 꽃 만들기

바위 제작하기

:

이 장에서는 블렌더 내부 Add-on **Rock Generator**를 사용하여 사실적인 바위를 제작할 것입니다. 이러한 바위 자연물은 우리가 만들고 있는 지형 환경에 사실적이고 자연스러운 느낌을 주기에 완벽하며 여러 외부 자연 시각화에 사용할 수 있습니다.

한 번의 클릭으로 사실적인 바위를 생성하는 방법을 배웁니다. 또한, 바위의 모양을 조정하고 세부 사항을 추가할 수 있습니다.

다음으로, 바위를 언랩하고 텍스처링하는 방법을 배웁니다. 여기에서는 블렌더에서 **PBR(물리 기반 렌더링)** 재질을 설정하는 가장 빠른 방법을 배웁니다. 마지막으로 바위 형상을 최적화하는 방법을 배우게 됩니다. 바위 품질을 너무 감소시키지 않고도 바위 형상의 75%를 절약할 수 있습니다.

이 장에서는 다음 주제를 다룹니다.

- Rock Generator Add-on 설치
- Rock Generator Add-on을 사용하여 바위 생성

| 기술 요구 사항

이 장은 블렌더 버전 3.0 이상을 실행할 수 있는 Mac 또는 PC가 필요하며, GitHub에서 이 장의 리소스를 다운로드할 수 있습니다.

https://github.com/PacktPublishing/3D-Environment-Design-with-Blender/
tree/main/chapter-10

I Rock Generator Add-on 설치

바위를 만드는 첫 번째 단계는 Rock Generator 라는 사전 설치된 Add-on을 활성화하는 것입니다. Add Mesh: Extra Objects라는 더 큰 애드온의 일부입니다. 새로운 블렌더 장면으로 파일을 생성하고, 상단에 Edit 탭을 클릭해서 Preferences...로 이동합니다.

그림 10.1 - Eidt 메뉴에서 Preferences 클릭

새 창이 나타나면 왼쪽에서 **Add-ons**를 클릭하고 **Add Mesh: Extra Objects**를 검색합니다. Add-on이 검색 결과에 표시되면 Add-on 이름 옆의 체크 상자를 클릭해서 활성화합니다.

그림 10.2 - Add Mesh: Extra Objects Add-on 검색

이제 추가 기능이 설치되었습니다. 이를 사용하여 장면에 바위 객체를 추가할 수 있습니다.

| Rock Generator Add-on을 사용하여 바위 만들기

Rock Generator를 사용하여 바위를 생성하려면 3D 뷰포트로 이동하여 다음 작업을 수행합니다.

1 Shift + A를 누릅니다.

2 **Mesh**로 이동하면 **Rock Generator**를 찾을 수 있습니다.

이 Add-on에는 **Gears, Pipe Joints** 및 기타 많은 도구가 함께 제공됩니다. 이 장에서는 바위에만 초점을 맞출 것입니다.

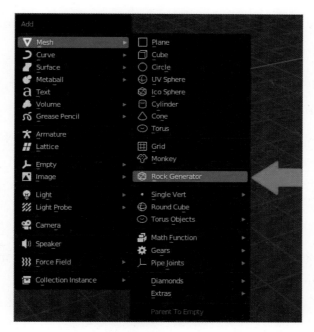

그림 10.3 – 3D 뷰포트에 Rock Generator 추가

Rock Generator를 클릭하면 장면에 바위가 나타납니다. 왼쪽 아래에 **Add Rocks**라는 탭이 있습니다. 바위의 사용자 정의를 시작하려면 클릭합니다.

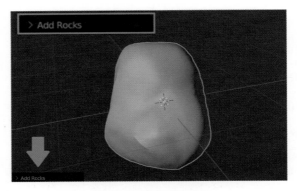

그림 10.4 – 바위 객체 추가

왼쪽 화살표를 클릭하여 패널을 확장하고 Rock Generator 설정에 접근합니다. 가장 먼저 할 일은 **Use a random seed** 기능을 비활성화하는 것입니다. 이 기능은 바위의 모양을 자동으로 무작위화합니다. Deformation 값을 변경하면 다른 새 모양이 무작위로 계속 생성됩니다. 개인적으로는 현재 모습에 만족스럽지 못합니다.

현재 바위의 모양은 단조롭습니다. 다른 바위를 생성하는 방법은 **User seed** 값을 변경하는 것입니다. 필자의 경우에는 7로 설정했고 시작하기에 훌륭한 바위 모양이 나왔습니다. User seed 값을 변경할 때마다 다른 바위 모양을 생성합니다. 다음으로 Deformation 값을 변경하고 10으로 설정합니다. 이렇게 하면 바위의 모양이 확대되고 가장자리가 튀어나옵니다.

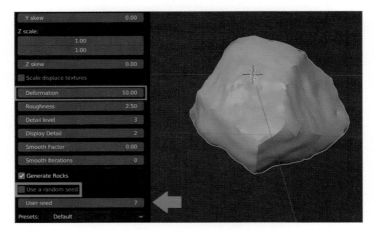

그림 10.5 – 바위 객체 모양의 사용자 지정

Rock Generator Add-on이 작동하는 방식은 **Subdivision Surface** 및 **Displace Modifier**와 같은 여러 Modifier를 바위 객체에 추가하는 것입니다. 나중에 바위를 최적화할 때 확인할 수 있습니다.

바위에 더 자세한 묘사를 주기 위해 새로운 **Subdivision Surface** Modifier를 추가해 보겠습니다. **Modifier Properties**에서 바위에 추가된 많은 Modifier를 찾을 수 있습니다. 새 Modifier는 목록의 마지막 Modifier로 추가됩니다.

Levels Viewport 값을 1로 설정하고 **Render**에 대해서도 같게 설정합니다. 값을 높이면 성능에 직접적인 영향을 미치므로 **Levels Viewport**에서 1을 초과하지 않도록 합니다.

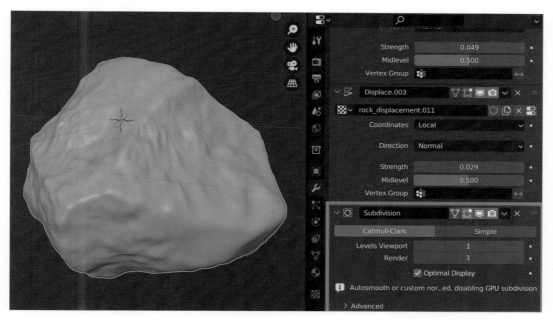

그림 10.6 – 바위 객체에 Subdivision Surface Modifier 추가

우리가 만든 바위의 모양이 완벽해졌으니 이제 텍스처링을 진행해 보겠습니다.

┃ 바위 텍스처링

바위를 텍스처링하기 위해 다음 링크를 사용하여 내려받을 수 있는 바위 PBR 텍스처를 사용할 것입니다.

https://github.com/PacktPublishing/3D-Environment-Design-with-Blender/blob/main/chapter-10/Rock-PBR-Texture.zip

이 파일을 사용하여 재질을 생성하여 바위에 할당해 보겠습니다.

바위 재질 만들기

바위 재질을 만들기 위해 바위 객체를 선택하고 Material Properties로 이동하여 새 재질을 추가하고 이름을 Rock으로 지정합니다.

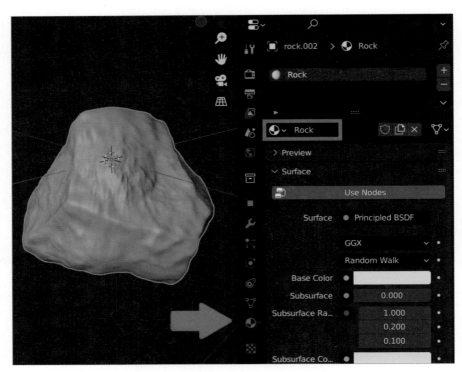

그림 10.7 – Rock 오브젝트에 Rock 재질 추가

Rock 재질을 편집하고 블렌더 장면의 하단 창을 Shader Editor로 전환합니다. 기본적으로 Rock 재질에는 Principled BSDF와 Material Output이라는 두 개의 노드가 있습니다.

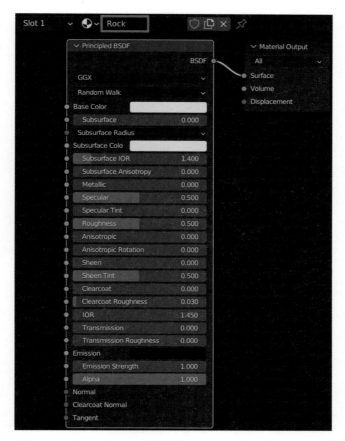

그림 10.8 – Material Output에 연결된 Principled BSDF 노드의 스크린샷

다음 단계는 바위 텍스처를 바위 객체에 할당하는 것입니다. 이를 위해 클릭 한 번으로 PBR 재질을 설정할 수 있는 요령을 사용합니다.

PBR 재질을 설정하는 가장 빠른 방법

노드를 사용하여 재질을 만드는 것은 아마도 3D 디자이너에게 어려운 작업 중 하나일 것입니다. 반복적이고 지루하며 시간이 오래 걸립니다. 하지만 다행스럽게도 노드 작업을 훨씬 쉽게 해주는 Add-on이 있는데 바로 **Node Wrangler**입니다.

Node Wrangler는 여러 기능이 있는 블렌더의 내장 Add-on입니다. 이 추가 기능을 사용하여 PBR 텍스처를 가장 빠른 방법으로 할당할 것입니다. 먼저 Add-on이 설치되었는지 확인하겠습니다.

1 블렌더 장면의 최상위 메뉴에서 **Edit** 탭으로 이동합
  니다.

2 목록의 마지막 탭인 **Preference**를 선택합니다.

그림 10.9 – 편집 메뉴에서 Preference 클릭

3 새 창이 나타나면 왼쪽 메뉴에서 **Add-ons** 탭으로 이동합니다.

4 오른쪽 위에 검색창이 있습니다.

5 **Node Wrangler**를 검색합니다.

6 추가 기능이 목록에 나타납니다. Add-on을 활성화하려면 확인란을 선택합니다.

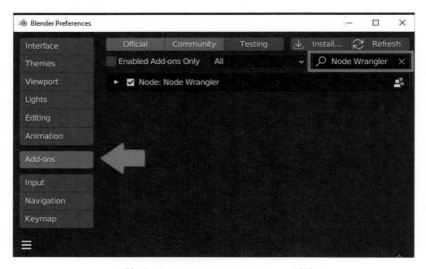

그림 10.10 – NodeWrangler Add-on 검색

이제 **Node Wrangler** Add-on이 활성화되었으며 이를 사용하여 바위 객체에 텍스처를 할당
할 수 있습니다. 이를 위해 Shader Editor로 돌아가서 다음 단계를 수행합니다.

1 Principled BSDF 노드를 클릭하여 강조 표시합니다. 이 노드는 PBR 바위 텍스처 맵의 기반

역할을 합니다.

2 Ctrl + Shift + T 를 누르면 새 파일 브라우저 창이 나타납니다.

3 앞에서 내려받은 rock 폴더에서 가져올 텍스처 맵을 찾습니다. 그리고 하단의 **Principled
Texture Setup** 버튼을 클릭합니다.

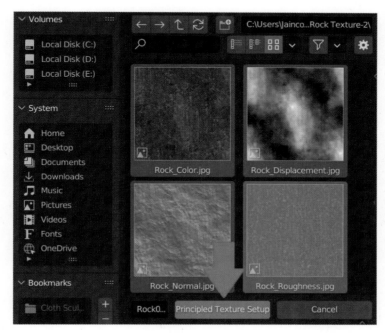

그림 10.11 – Principled BSDF 노드에 할당할 바위 텍스처 선택

Ctrl + Shift + T 조합을 사용하면 클릭 한 번으로 모든 텍스처가 **Principled BSDF**의 노드
로 자동 할당됩니다. 또한, 왼쪽에는 **Mapping** 노드가 있어 바위 텍스처의 크기와 위치를 조
정할 수 있습니다.

Add-on이 작동하는 방식을 보면 단순히 텍스처의 이름과 관련된 키워드를 검색하는 것입니
다. Add-on이 텍스처 이름에서 Color라는 단어를 찾으면 해당 텍스처를 **Principled BSDF**
의 **Base Color**에 할당합니다. 이것이 텍스처 맵 이름이 정확해야 하는 이유입니다.

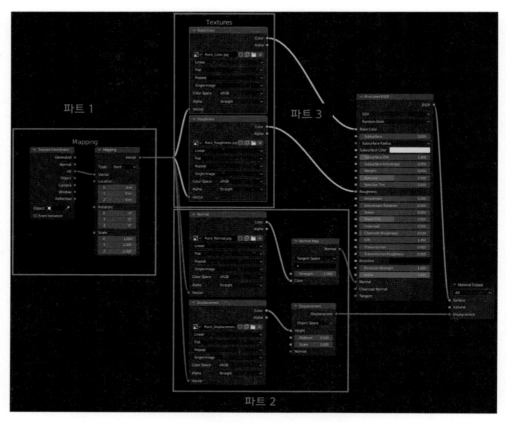

그림 10.12 – 바위 재질 노드 설정

그림 10.13은 바위 재질 노드 설정의 파트 1입니다. 여기에서 **Node Wrangler** Add-on은 두 개의 노드를 할당합니다.

- **Texture Coordinator**
- **Mapping**

이 두 노드를 통해 텍스처의 크기와 회전을 조작할 수 있습니다.

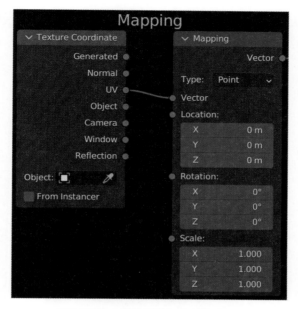

그림 10.13 – 바위 재질 노드 설정 파트 1

노드 설정의 파트 2에서는 Normal Map 노드에 Normal 텍스처를 할당한 다음 Principled BSDF의 Normal 슬롯에 연결하고, Displacement 텍스처를 Displacement 노드에 할당한 다음 이어서 Material Output Displacement 슬롯에 연결합니다.

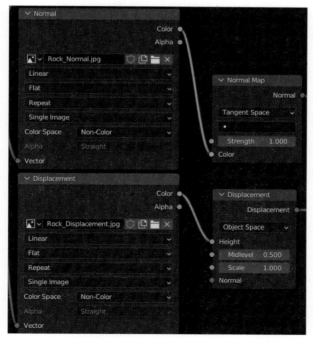

그림 10.14 – 바위 재질 노드 설정 파트 2

노드 설정의 파트 3에서는 Principled BSDF의 Base Color 슬롯에 Color 텍스처를 할당하고 Principled BSDF의 Roughness 채널에 Roughness 맵을 할당합니다.

그림 10.15 – 바위 재질 노드 설정의 파트 3

이제 3D 뷰포트에서 Z를 눌러 Material Preview로 전환하면 바위가 다음과 같이 보이게 됩니다.

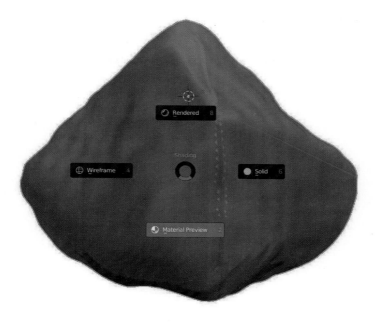

그림 10.16 – Material Preview에서 표시된 UV가 제대로 펴지지 않은 바위

바위 객체가 아직 언랩되지 않았기 때문에 바위의 질감을 볼 수 없으므로 바위 객체를 언랩하겠습니다.

바위 객체 언랩하기

바위를 언랩하고 텍스처링할 준
비를 하기 위해 다음 작업을 수
행합니다.

1 먼저 바위 객체를 선택합니다.
2 Tab 을 눌러 **Edit Mode**로 전
환합니다.
3 U를 누르고 **Cube Projection**
을 선택합니다.

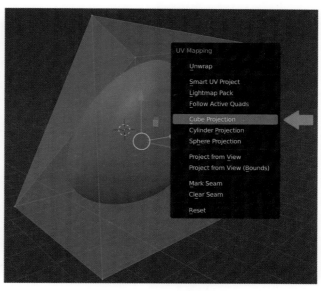

그림 10.17 – 바위 객체 언랩하기

이제 Material Preview로 전환하면 바위의 UV가 펴져서 질감이 잘 표현됩니다.

그림 10.18 – Material Preview에서 보이는 언랩된 바위

그러나 최종 렌더링된 장면에 바위가 어떻게 나타날지 더 잘 알기 위해서는 Rendered 모드에서 바위를 볼 필요가 있습니다. 이제 장면에서 빠른 조명 설정을 수행해 보겠습니다.

장면에 대한 빠른 조명 설정

바위를 더 잘 보기 위해 장면에 대한 빠른 조명 설정을 설정해 보겠습니다. Shader Editor에서 데이터 유형을 World로 전환합니다. 새 Sky Texture 노드를 추가하고 Background 노드에 연결합니다.

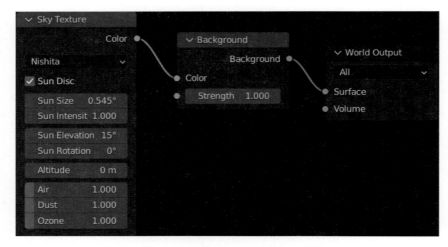

그림 10.19 – SkyTexture 조명 노드 설정

Sky Texture 노드를 사용하려면 항상 Cycles 엔진으로 되어있는지 확인합니다. 엔진 설정은 오른쪽 패널의 Render Properties로 이동하여 확인할 수 있습니다.

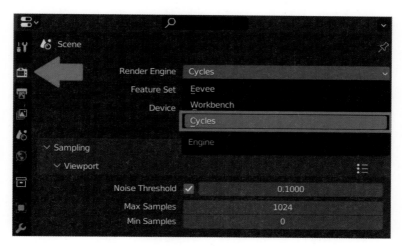

그림 10.20 – Render Engine을 Cycles로 전환

preview mode를 Rendered로 전환해 보면 최종 바위의 모습을 볼 수 있습니다.

그림 10.21 – preview mode로 보는 바위 렌더링

지금은 사용하지 않지만 Displacement 텍스처를 사용하여 바위를 더 좋게 만들 수 있습니다. 활성화하려면 Material Properties로 이동하여 Rock 재질을 선택하고 Displacement까지 아래로 스크롤합니다.

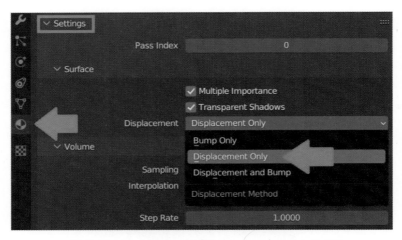

그림 10.22 – Displacement 설정을 Displacement Only로 전환

이제 Rendered 모드로 다시 전환하면 바위가 다음과 같이 변형됩니다.

그림 10.23 – Displacement 크기가 1로 설정된 바위 물체

바위 모양을 올바르게 만들기 위해 다음과 같이 Shader Editor에서 Displacement 노드의 Scale 값을 0.100 으로 줄입니다.

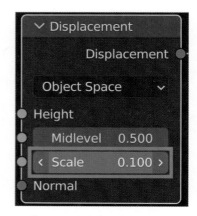

그림 10.24 – 바위 재질의 Displace-ment의 크기를 0.100으로 줄이기

다음 그림이 조정된 바위의 모습입니다. 훨씬 낫지 않습니까? 이제야 진짜 바위 같다고 말할 수 있습니다.

Note Scale 값은 바위의 크기와 관련이 있습니다. 바위의 크기를 10배로 늘리면 Displacement의 Scale도 0.100이 아닌 1로 늘려야 합니다.

그림 10.25 – Displacement Scale이 0.100으로 설정된 Rock 객체

마지막 단계는 바위에 약간의 최적화를 적용하는 것입니다. 지금은 객체가 무겁습니다. 지형 장면에서 이 바위를 수십 번 복제할 것이기 때문에 바위가 보유하고 있는 버텍스의 수를 줄여야 합니다.

| 바위 형상 최적화하기

바위 형상을 최적화하기 전에 우측 상단에 Show Overlays에서 통계(Statistics)를 활성화하겠습니다.

그림 10.26 – Show Overlays 통계 활성화

이렇게 하면 장면에서 객체를 선택했을 때, 블렌더 장면의 왼쪽에서 해당 통계를 볼 수 있습니다. 이 예에서는 객체 오브젝트를 선택하니 12,000개 이상의 버텍스가 있음을 알려주고 있습니다.

그림 10.27 – 바위 객체 통계 표시

바위의 버텍스 수를 줄이기 위해 **Modifier Properties**로 이동하겠습니다.

Rock Generator에 의해 추가된 많은 Modifier를 찾을 수 있습니다. 처음 두 개의 Modifier는 Subdivision Surface 입니다.

1 첫 번째 **Subdivision Surface** Modifier의 **Levels Viewport** 값을 1로 줄이고 **Render**도 줄여 봅시다.

2 두 번째 **Subdivision Surface** Modifier의 경우 **Levels Viewport**와 **Render** 값을 2로 설정합니다.

그림 10.28 – 바위 객체 최적화

우리는 너무 많은 품질을 희생하지 않으면서 버텍스 수를 12,000개 이상에서 약 3,000개로 줄였습니다.

이 변화는 엄청난 감소입니다. 지형 장면에서 바위를 50개 복제해야 한다고 상상해봅시다. 최적화되지 않은 바위를 사용하면 약 600,000개의 버텍스(12,000 X 50)가 필요합니다. 바위에만 50만 개가 넘는 버텍스가 있게 되는 것입니다. 그러나 최적화된 바위를 사용하면 150,000개의 버텍스만 사용하게 됩니다.

┃요약

이 장에서는 Rock Generator Add-on을 사용하여 사실적인 바위 모양을 만드는 과정을 살펴보았습니다. 한 번의 클릭으로 바위의 모양을 생성하고 조정하는 방법을 배웠습니다.

그런 다음 Node Wrangler Add-on을 사용하여 바위를 언랩하고 질감을 표현하는 방법을 배웠습니다. 마지막으로 바위의 형상을 최적화하여 품질을 많이 희생하지 않으면서 형상의 75%를 절약했습니다.

다음 장에서는 꽃이라는 새로운 자연물을 만들 것입니다. 바위와 꽃은 모두 지형 장면을 채우는 데 사용되어 자연스럽고 사실적으로 보이게 할 것입니다.

11장

사실적인
꽃 만들기

:

이 장에서는 지형 장면을 위해 블렌더에서 유기적으로 보이는 꽃을 만드는 방법에 대한 팁을 배웁니다. 우리가 만들 꽃은 실제 참조를 기반으로 합니다. 꽃 이름은 미나리아재비입니다.

꽃잎과 중앙을 모델링하는 것으로 시작합니다. **Displace Modifier**를 사용하여 꽃잎 표면에 구름 노이즈를 추가합니다.

다음으로 미나리아재비꽃을 언랩하고 텍스처링하는 방법을 배웁니다. 마지막으로 꽃 가지를 다양화하고 알파 투명 기법을 사용한 잎을 추가하고 꽃에 사실적인 크기 측정을 설정합니다.

이 장에서는 다음 주제를 다룹니다.

- 미나리아재비 꽃잎 디자인
- 미나리아재비 텍스처링
- 미나리아재비 잎 만들기
- 미나리아재비꽃 크기 조정

I 기술 요구 사항

이 장은 블렌더 버전 3.0 이상을 실행할 수 있는 Mac 또는 PC가 필요합니다. GitHub에서 이 장의 리소스를 다운로드할 수 있습니다.

https://github.com/PacktPublishing/3D-Environment-Design-with-Blender/tree/main/chapter-11

┃ 미나리아재비꽃 디자인하기

미나리아재비 꽃잎을 만드는 것부터 시작하겠습니다. 꽃을 만들기 위해 참조를 해야 합니다. 결과를 정확하게 만들기 위해 우리는 미나리아재비꽃의 그림을 참조를 해서 디자인할 것입니다.

그림 11.1 – 미나리아재비 꽃잎

이 미나리아재비꽃 그림은 다음 링크에서 내려받을 수 있습니다.

https://github.com/PacktPublishing/3D-Environment-Design-with-Blender/
blob/main/chapter-11/Flower-Petals.jpg

그림을 받은 후 3D 뷰포트에서 7을 눌러 **Top Orthographic** 보기로 이동하고 이 참조 그림을 3D 뷰포트로 끌어다 놓습니다.

그림 11.2 – 3D 뷰포트에서 꽃 그림 끌어다 놓기

이렇게 하면 그림 참조가 배치됩니다. N을 눌러 **Transform** 패널에서 **Location** 및 **Rotation** 값을 0으로 설정하여 꽃 참조를 중앙에 놓을 수 있는지 확인합니다.

미나리아재비 꽃잎 모델링

먼저 Plane Mesh를 만들고 참조 그림에 있는 꽃잎 중 하나에 배치해 보겠습니다.

1 Edit 모드에서 [Ctrl] + [E]를 누르고 **Subdivide**를 선택합니다. 이런 식으로 Plane을 네 개의 다른 작은 면으로 세분화합니다. Plane의 선에 충분히 제어할 수 있는 버텍스를 가지기 위해 이렇게 합니다.

2 3D 뷰포트에서 [Z]를 눌러 Rendered 모드를 **Wireframe**으로 전환해야 합니다. 꽃 레퍼런스를 보고 꽃잎 가장자리를 따라갈 수 있도록 합니다.

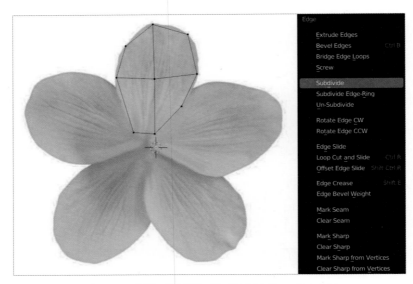

그림 11.3 – [Ctrl] + [E] 단축키를 사용하여 Plane Subdivide

다음으로 **Subdivision Surface** Modifier를 Plane에 추가하여 꽃잎을 매끄럽게 만들어야 합니다. 다음과 같이 추가합니다.

그림 11.4 – Plane에 Subdivision Surface Modifier 추가

3. 다음으로 다른 꽃잎에 대해 정렬 단계를 반복합니다. Plane을 복제하고 회전한 다음 꽃잎에 놓기만 하면 됩니다. 꽃잎 정렬을 마치면 꽃 만들기 과정은 다음과 같아야 합니다.

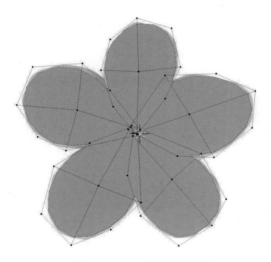

그림 11.5 – Plane을 꽃잎과 정렬

이제 꽃잎의 곡면을 만들어야 합니다. 그렇게 하기 위해 꽃잎을 위쪽으로 구부려야 합니다. 다섯 개의 꽃잎 모두에서 바깥쪽 버텍스만 선택하고 곡률이 만들어질 때까지 들어 올립니다.

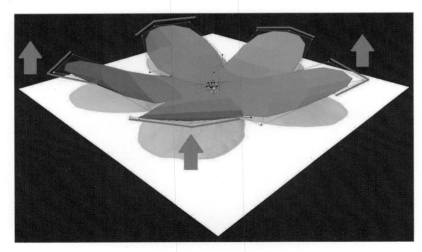

그림 11.6 – 꽃의 꽃잎 가장자리를 위로 이동

미나리아재비 꽃잎이 어떻게 보이는지 더 잘 이해하기 위해 이 꽃의 실제 그림을 살펴보겠습니다.

그림 11.7 – 미나리아재비꽃의 실제 사진

꽃잎의 표면이 고르지 않은 것을 볼 수 있으므로 표면에 자잘한 미세 굴곡을 추가해야 합니다. 이를 위해 Displace modifier를 사용합니다.

1 Object 모드에서 꽃잎 객체를 선택합니다.

2 Texture Properties로 이동합니다.

3 New를 클릭하여 새 텍스처를 추가합니다.

4 새 텍스처 유형을 Clouds로 설정합니다.

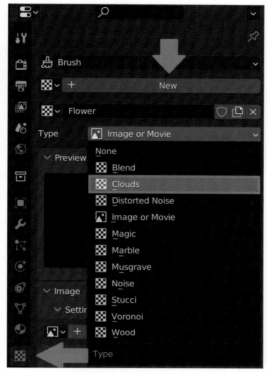

그림 11.8 – Clouds 텍스처 추가

5 Modifier Properties로 이동하여 Displace modifier를 검색합니다.

6 다음 그림의 녹색 상자로 강조 표시된 텍스처 필드에서 생성한 Flower 텍스처를 선택합니다.

그림 11.9 – 꽃에 Displace modifier 추가

Displace modifier를 Clouds로 설정하면 꽃 모양이 다음과 같이 표시됩니다.

그림 11.10 - Displace modifier가 적용된 꽃 표시

가장자리가 뾰족하고 날카로워 보이지만 그림 11.4에서 수행한 것과 유사한 Subdivision Surface modifier를 추가하여 수정할 수 있습니다. 다음은 꽃잎의 새로운 모습입니다.

그림 11.11 - Subdivision Surface modifier를 추가하여 꽃잎을 매끄럽게 하기

이제 꽃잎이 생겼으니, 꽃의 줄기를 만들어 보겠습니다.

미나리아재비꽃 줄기 모델링

줄기는 토양 위로 올라가 미나리아재비꽃을 지탱하는 주요 길고 얇은 녹색 부분입니다.

그림 11.12 – 미나리아재비꽃 참조

꽃줄기를 만들기 위해 Cube를 추가하고 **Edit Mode**로 이동한 후 다음 단계를 따르도록 합니다.

1 4개의 수평선들을 삽입합니다.

2 **Alt** + 왼쪽 마우스 클릭을 사용하여 각 고리 선을 선택하고 다음 그림의 중간에 표시된 대로 각 선들의 크기를 조정합니다.

3 이 객체에 **Subdivision Surface** modifier를 추가합니다.

4 줄기 모양을 부드럽게 하려면 마우스 오른쪽 버튼을 클릭하고 **Shade Smooth**를 선택합니다.

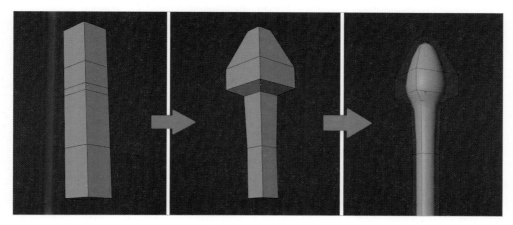

그림 11.13 – 줄기 제작 단계

중앙 주변에 작은 물체를 추가하여 꽃의 중앙에 작업해 봅시다.

1 Plane을 추가합니다.

2 그림 11.14의 왼쪽과 같이 형태를 축소합니다.

3 **Subdivision Surface** modifier를 Plane에 추가합니다.

꽃줄기 중앙을 중심으로 복제합니다.

그림 11.14 – 내부 꽃 생성

꽃을 줄기 위에 위치시키면 다음과 같이 보이게 됩니다.

그림 11.15 – Solid mode에서 미나리아재비꽃 표시

꽃을 복제하여 가지를 만들기 전에 먼저 텍스처링을 마무리하도록 합니다.

| 미나리아재비꽃 텍스처링

꽃 텍스처링을 진행하기 전에 모든 꽃잎이 한 조각으로 합쳐졌는지 확인해야 합니다. 그렇게 하려면 Ctrl + J 를 눌러 모두 하나의 단위로 합칠 수 있습니다. 이제 꽃잎 텍스처링을 진행해 보겠습니다.

1 꽃잎을 선택하고 **Material Properties**로 이동하여 새 재질을 추가하고 이름을 FlowerLeaves로 지정합니다.

그림 11.16 – 꽃 모델에 꽃잎 재질 할당

2 블렌더 장면의 하단 창을 **Shader Editor**로 전환합니다.

3 이전에 사용한 레퍼런스 그림을 **Shader Editor**로 드래그하고 **Base Color**에 연결합니다.

그림 11.17 – Base Color에 텍스처 연결

4 이제 Z 를 누르고 **Material Preview**로 전환하면 꽃이 다음과 같이 보일 것입니다.

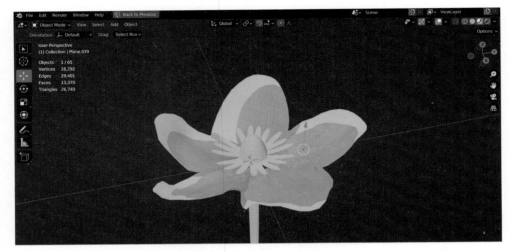

그림 11.18 – 꽃의 기본 UV

꽃의 UV가 펴져 있지 않기 때문에 텍스처가 제대로 되어 있지 않습니다. 그래서 우리는 꽃 UV를 개선해야 합니다.

미나리아재비꽃 UV 펴기

상단부터 UV를 투사하여 꽃을 언랩할 것입니다. 이를 위해 다음 작업을 수행해 보겠습니다.

1 3D 뷰포트에서 7 을 눌러 상단으로 이동합니다.

2 **Edit Mode**로 전환하고 U 를 누르고 **Project from View (Bounds)**를 선택합니다.

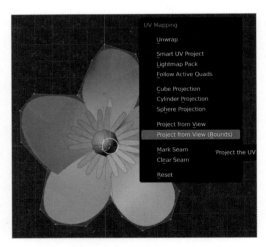

그림 11.19 – 꽃 모델 풀기

3 Shader Editor에서 **UV Editor**로 전환하고 참조 꽃잎에 UV를 정렬하기 시작합니다. 100% 완벽할 필요는 없습니다.

그림 11.20 – 꽃 UV 조정

다음 그림이 우리 꽃의 모습입니다. 언랩하지 않은 것보다는 더 낫지만, 여전히 사실적이진 않습니다. 지금까지는 꽃의 Base Color 노드에서만 작업했습니다. Roughness 맵과 Bump 도 작업해야 합니다.

그림 11.21 – 꽃잎 텍스처링

다른 재질 채널을 조정해 보겠습니다. 다시 Shader Editor로 돌아갑니다.

1 Flower-Reference 텍스처를 ColorRamp 노드에 연결합니다.

2 두 ColorRamp 마커를 서로 가깝게 이동합니다.

3 ColorRamp의 오른쪽 슬롯을 Roughness 채널에 연결합니다. 이렇게 하면 우리의 꽃잎이 멋 지게 반사됩니다.

4 Flower-Reference 텍스처를 Bump 노드에 연결합니다.

5 Bump 노드의 Strength 값을 0.15로 설정합니다.

그림 11.22 – 꽃 재질의 노드 설정

설정을 따라하면 꽃잎의 반사가 다음 그림과 같이 나타납니다. 이제 모든 작은 잎을 선택하고 Ctrl + J 를 사용하여 결합합니다. 이렇게 하면 작은 내부 꽃잎이 큰 외부 꽃잎에 적용된 것 과 같은 재질 및 Modifier를 갖게 됩니다.

그림 11.23 – 미나리아재비꽃 텍스처링

미나리아재비꽃 줄기 텍스처링

중앙 줄기에 대한 두 번째 녹색 재질을 만들어 봅시다. 이를 위해 다음 작업을 수행해 보겠습니다.

1 가운데 줄기를 선택하고 **Green Stem**이라는 새 재질을 추가합니다.

2 **Shader Editor**에서 **Musgrave Texture**를 추가합니다. **Scale**은 25, **Detail**은 15, **Dimension**은 7.5, **Lacunarity**는 2.0으로 설정합니다.

3 **Musgrave Texture**를 **ColorRamp** 노드에 연결합니다.

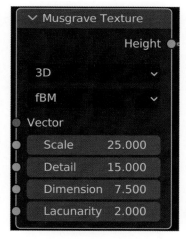

그림 11.24 – MusgraveTexture 노드

4 ColorRamp 노드에서 두 마커의 색상을 서로 다른 녹색으로 설정합니다.

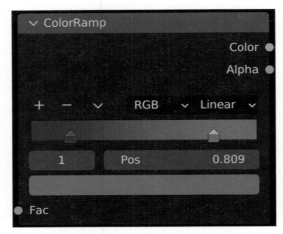

그림 11.25 – ColorRamp 노드

5 Musgrave Texture를 Bump 노드에 연결하고 이어서 Principled BSDF의 Normal 슬롯에 연결합니다.

6 Bump의 Strength 값을 0.25로 설정합니다.

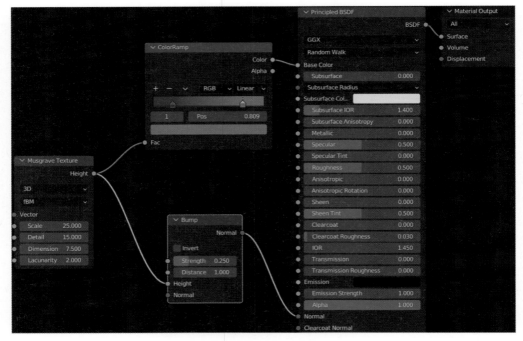

그림 11.26 – 줄기 재질 노드 설정

다음 그림이 우리가 만든 꽃의 모습입니다.

그림 11.27 – 미나리아재비꽃 텍스처링 마무리

이제 꽃에 여러 줄기를 붙여서 다양화해야 합니다. 첫 번째 꽃을 복제하고 같은 줄기에 붙이고 다른 방향으로 위치시키면 됩니다. 주요 줄기가 보조 줄기보다 두꺼운지 확인합니다.

그림 11.28 – 미나리아재비꽃의 두 번째 가지

가지 몇 개를 복제하면 꽃이 다음과 같이 보일 것입니다.

그림 11.29 – 미나리아재비꽃 가지 추가하기

이제 우리는 미나리아재비꽃을 만들고 텍스처를 입혔습니다. 완성해야 할 꽃에 빠진 잎을 만들어 봅시다.

┃ 미나리아재비 풀잎 만들기

다음 단계는 풀잎들을 만드는 것입니다. 이 레퍼런스를 기반으로 미나리아재비의 풀잎 모양을 볼 수 있습니다.

그림 11.30 – 미나리아재비 풀잎의 참조 그림

다음 링크에서 이 풀잎 레퍼런스 그림을 다운로드할 수 있습니다.

https://github.com/PacktPublishing/3D-Environment-Design-with-Blender/
blob/main/chapter-11/Leaf-Texture.jpg

계속해서 미나리아재비 풀잎을 만들어 봅니다.

알파 투명도로 텍스처 적용

알파 투명도 기법을 사용하여 풀잎을 만들려면 다음 단계를 따르도록 합니다.

1 Plane을 만듭니다.

2 **Leaf**라는 새 재질을 Plane에 할당합니다.

3 잎 참조 그림을 **Shader Editor**에 집어넣고 **Base Color**에 연결합니다.

그림 11.31 – 미나리아재비 풀잎 텍스처링

4 몇 개의 선을 삽입하고 Plane의 모양을 그림 11.32와 같이 변경합니다.

그림 11.32 – 풀잎 모양에 맞게 Plane의 모양 변경

5 이 잎 텍스처를 내려받은 후 **Shader Editor**에 집어넣고 Plane에 재질을 할당합니다.

이 Plane을 렌더링할 때 우리가 보여주어야 할 것은 잎사귀뿐입니다. 다른 흰색 부분은 투명해야 합니다. 여기에서 Principled BSDF의 Alpha 슬롯이 기능하게 됩니다. 잎 흑백 텍스처를 만들어야 합니다. 흰색은 녹색 잎을 나타내고 검은색은 잎 주변을 나타냅니다.

이를 위해 다음 단계를 수행해 보겠습니다.

1 잎 텍스처의 **Color** 슬롯을 **ColorRamp** 노드의 **Fac** 슬롯에 연결합니다.

2 **ColorRamp**의 **Color** 슬롯을 **Principled BSDF**의 **Alpha** 슬롯에 연결합니다.

3 **ColorRamp** 유형을 **Constant**로 전환하여 잎에 더 선명한 가장자리를 제공합니다.

잎 텍스처의 색상 슬롯을 Principled BSDF의 Base Color 슬롯에 연결합니다.

그림 11.33 – 잎사귀 재질 노드 설정

4 **Leaf-Texture**를 **ColorRamp**에 연결할 때 **ColorRamp** 노드는 다음과 같이 잎 텍스처를 흑백 텍스처(회색조)로 변환합니다.

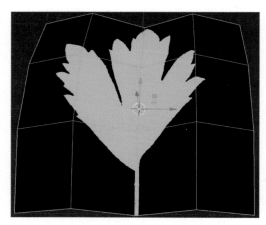

그림 11.34 – 흑백 잎 마스크

이 텍스처를 Principled BSDF의 Alpha 슬롯에 연결하면 블렌더는 렌더링 시 흰색만 표시하고 검은색 영역을 투명하게 만듭니다.

그림 11.35 – 나뭇잎 텍스처를 가장자리를 투명하게 만들기

잎사귀를 더 좋게 보이게 하려면 그림 11.22에서와 같이 Roughness와 Bump를 추가하는 작업을 해야 합니다.

다음과 같이 꽃의 다른 위치에 잎을 놓습니다.

그림 11.36 – Material Preview로 본 미나리아재비꽃 최종 결과

ㅣ 미나리아재비꽃 크기 조절하기

마지막 단계는 꽃에 올바른 측정을 제공하는 것입니다. 구글 검색에 따르면 미나리아재비꽃은 높이가 31cm에 이르므로 20cm에서 30cm 사이의 크기가 적당해 보입니다.

이 예에서는 가장 긴 줄기 높이가 27cm이므로 줄기의 크기가 합리적이라고 말할 수 있습니다. 크기가 다른 경우 모든 꽃 요소를 선택한 다음 N을 눌러 오른쪽 Transform 패널로 가서 실제 크기에 도달할 때까지 확대 또는 축소할 수 있습니다.

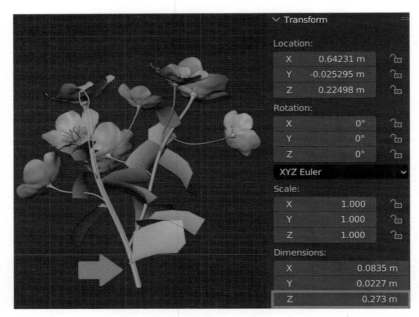

그림 11.37 – 미나리아재비꽃의 원 줄기 크기 조절

이제 꽃이 완성되고 크기가 적당하므로 Render 모드에서 꽃이 어떻게 보이는지 살펴보겠습니다.

지형 장면으로 가져올 때 미나리아재비꽃이 최종적으로 렌더링될 때의 모양은 다음과 같습니다.

그림 11.38 - 미나리아재비꽃의 최종 렌더링

필자는 최종 렌더링 모습에서 다음과 같은 과정을 수행했습니다.

1 **HDRI** 조명을 설정했습니다.

2 카메라를 추가하여 꽃에 초점을 맞췄습니다.

3 **Depth of Field**를 사용하여 배경의 꽃을 흐리게 했습니다.

우리는 이 책의 마지막 부분에서 이 모든 방법을 배울 것입니다.

| 요약

우리는 아름다운 미나리아재비꽃을 3D로 디자인했습니다. 꽃잎을 모델링하는 것으로 시작했고, 실제 참조 그림을 기반으로 꽃잎의 모양을 계속 수정했습니다. 그리고 Displace modifier를 사용하여 꽃잎 표면에 Clouds 노이즈를 추가했습니다.

다음 단계는 줄기를 언랩하고 텍스처링하였습니다.

마지막으로 꽃의 가지들을 우리의 요구 사항에 맞게 복사하고 수정하여 다양화했습니다. 줄기에 풀잎을 추가하고 알파 투명도 기법을 사용했습니다.

다음 장에서는 Particle System(입자 시스템) 옵션을 사용하여 환경 전체에 꽃과 바위를 흩뿌리는 방법을 배울 것입니다.

4부

멋진 지형 장면 렌더링하기

이 책의 마지막 부분에서는 우리가 만든 모든 자연 객체를 분산시키는 블렌더의 Particle System에 대해 배울 것입니다. 그런 다음 몇 가지 개선 사항을 마무리하고 적용하여 환경을 최종 수정합니다. 마지막으로 멋진 지형 장면을 만들기 위한 렌더링 및 합성에 대해 배웁니다.

4부에서는 다음과 같은 내용들을 포함합니다.

(12장) Particle System을 사용한 객체 분산

(13장) 지형 장면 마무리하기 - 조명, 렌더링 및 합성

12장

Particle System을 사용한 객체 분산

:

이 장에서는 블렌더의 **Particle System**을 사용하여 지형 환경 전체에 꽃과 바위를 뿌립니다. 먼저, 우리는 블렌더의 **Particle System** 옵션이 무엇이며 왜 사용해야 하는지 이해할 것입니다.

다음으로 특정 선택 영역에 입자를 추가 및 배치하고 입자의 양을 제어하면서 입자의 크기와 회전을 변경하는 방법을 배웁니다. 마지막으로 입자를 처리하면서 블렌더의 성능을 높이는 요령을 배웁니다.

이 장에서는 다음 주제를 다룰 것입니다.

- 블렌더의 Particle System이란 무엇입니까?
- 바위 및 꽃 객체를 지형 환경으로 가져오기

┃ 기술 요구 사항

이 장은 블렌더 버전 3.0 이상을 실행할 수 있는 Mac 또는 PC가 필요합니다. GitHub에서 이 장의 리소스를 다운로드할 수 있습니다.

https://github.com/PacktPublishing/3D-Environment-Design-with-Blender/tree/main/chapter-12

┃ 블렌더의 Particle System(입자 시스템)이란 무엇입니까?

Particle System은 불, 먼지, 구름, 연기, 모피, 잔디 및 기타 가닥 기반 재질 등 많은 양의 작은 움직이는 물체를 시뮬레이션하는 데 사용됩니다.

블렌더 3.3부터 Particle System 구성에는 **Emitter**와 **Hair**의 두 가지 유형이 있습니다. 이 장에서는 두 번째 유형인 **Hair**에 초점을 맞출 것입니다. 블렌더에서 **Hair** 유형의 **Particle System**을 가장 일반적으로 사용하는 것으로 표면 전체에 객체를 분산 배치하는 것입니다.

Hair 유형의 Particle System을 사용해야 하는 이유는 무엇입니까?

그 이름부터 어려워 보이는 이 Particle System에 대해 왜 배워야 하는지 궁금할 것입니다. 그 이유를 보여 드리겠습니다.

이 Particle System에 대해 배우지 않고 진행할 수 있지만 이것은 수동 작업이냐 자동 작업이냐의 차이입니다. 최대 2시간이 소요될 수 있는 작업을, 입자를 사용하여 10분 만에 쉽게 해결할 수 있습니다.

여러분들이 여러분들의 프로젝트에서 3D 정원을 만드는 상황을 마주했을 때를 생각해 보셔야 합니다. 식물, 꽃, 바위, 돌 등 정원에 들어갈 모든 자연 자산을 만들었다면, 이제 이러한 모든 객체를 정원의 여러 영역에 분산시킬 염두에 두어야 할 몇 가지 내용이 있습니다.

- 식물의 크기가 각각 달라야 합니다. 아시다시피, 자연에서 100% 같은 크기의 두 식물을 찾는 것은 거의 불가능합니다. 식물의 방향도 마찬가지입니다. 각 식물은 모든 각도(X, Y, Z)에서 서로 다른 회전 각도를 가져야 합니다.
- 식물은 무작위로 흩어져 있어야 합니다. 분명한 패턴이 있어서는 안 됩니다.

그림 12.1 – 구형 객체에 식물을 분산시키는 데 사용된 Particle System의 좋은 예시

Hair Particle System을 사용하여 객체를 배치할 위치를 결정하고 크기와 회전을 무작위로 지정하며 몇 번의 클릭만으로 위치를 변경할 수 있습니다. Particle System을 사용하여 지형 장면 전체에 바위와 꽃을 뿌립니다. 하지만 먼저 장면으로 가져와야 합니다.

ㅣ 바위와 꽃 객체를 지형으로 가져오기

가장 먼저 해야 할 일은 바위와 꽃 오브젝트를 지형 장면으로 가져오는 것이므로 **9장, 진흙 재질로 지형 텍스처링하기**로 돌아가 보겠습니다.

이 장면에는 눈과 진흙 질감이 있는 지형이 있습니다.

그림 12.2 – 9장의 지형 장면의 최종 결과

Rock 객체를 지형 장면으로 가져오겠습니다.

Rock 객체 가져오기

10장. 바위 제작하기에서 만든 Rock 객체를 가져오려면 다음과 같이 합니다.

1 File로 이동하여 Append를 클릭합니다.

그림 12.3 – 파일 메뉴에서 Append 선택

2 Rocks.blend 파일을 선택하고 클릭합니다.

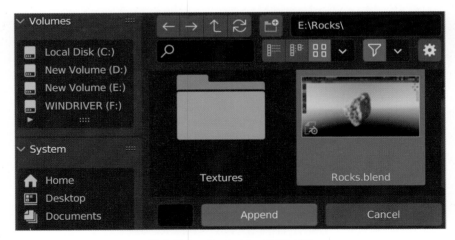

그림 12.4 – Rocks.blend 파일 선택

3 Object 폴더를 클릭합니다.

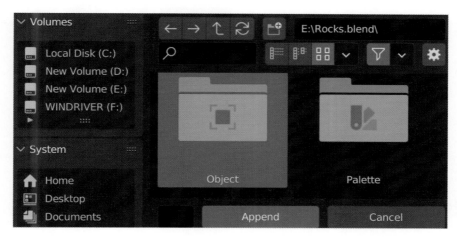

그림 12.5 – Object 폴더 선택

4 Rock 객체를 더블 클릭합니다.

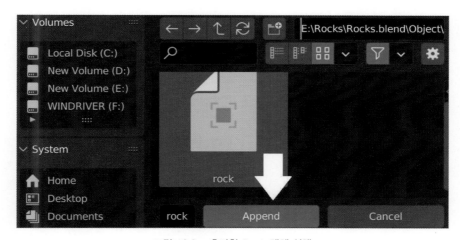

그림 12.6 – 추가할 Rock 객체 선택

그러고 나면 화면에 바위를 불러오게
됩니다.

그림 12.7 – 장면에 추가된 Rock 객체

다음 단계는 장면에 꽃을 추가하는 것입니다. GitHub에서 내려받을 수 있는 꽃 라이브러리
에 대해서도 같은 단계를 반복합니다.

https://github.com/PacktPublishing/3D-Environment-Design-with-Blender/
blob/main/chapter-12/Flowers-Collection.zip

이제 우리는 바위와 꽃을 모두 가지고 있으므로 작은 지형 환경을 분산시켜 진행합시다.

I 입자를 사용하여 지형에 바위를 분산시키기

블렌더 오른쪽의 Properties 창에
서 Modifier Properties 탭 아래에
Particle Properties 탭이 있습니다.
본체에서 입자를 발사하는 물체처럼
보이는 아이콘을 볼 수 있습니다.

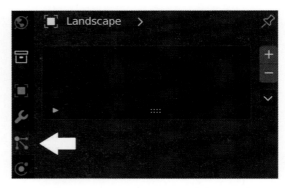

그림 12.8 – Particle Properties 탭에 접근하기

여기에서 오른쪽에 있는 + 기호를 클릭하여 Particle System을 만들고 선택한 객체에 추가
할 수 있습니다.

기본적으로 지형 객체에 추가된 Particle System 유형은 Emitter이며, 앞에서 설명한 것처럼 다른 유형인 Hair를 사용할 것입니다.

다음으로 블렌더가 입자와 함께 제공하는 전체 물리 계산에 연동될 수 있도록 Advanced 확인란을 선택해야 합니다.

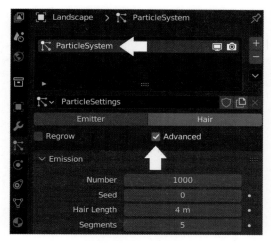

그림 12.9 – 바위 입자 추가

하나 이상의 Particle System을 만들 것이므로 새 Particle System의 이름을 쉽게 사용자 정의할 수 있도록 Rocks Particle과 같이 인식할 수 있는 이름으로 변경해야 합니다.

이제 지형에 주의를 기울이면 지형 표면에 이상한 머리카락 입자가 나타나는 것을 볼 수 있습니다. 기본적으로 우리는 1,000개의 입자가 지형 전체에 흩어져 있습니다.

그림 12.10 – 지형에서 표시되는 입자들

하지만 입자가 나타나는 위치를 어떻게 제어할 수 있을까요?

지형에 입자 배치

우리는 바위를 분산시킬 영역을 결정해야 합니다.

입자를 배치할 위치를 결정하는 쉬운 방법은 **Object Data Properties**를 사용하여 Vertex Groups를 만드는 것입니다. 이를 위해 다음 단계를 진행해 보겠습니다.

1 지형을 선택하고 **Edit Mode**로 이동합니다.

2 물 가장자리에서 면을 선택합니다.

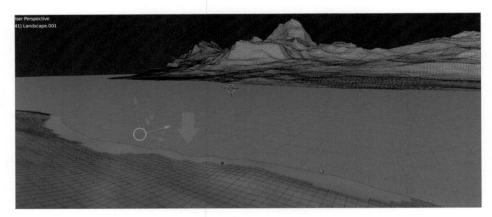

그림 12.11 – 입자를 표시할 영역 선택

Note 느려지거나 블렌더 충돌 에러와 같은 성능 문제를 방지하려면 작은 영역만 선택하면 됩니다. 지형에서 선택하는 버텍스가 많을수록 컴퓨터에 더 많은 리소스가 필요합니다.

카메라 앞에 있는 것들만 최종 렌더링에 포함될 것이기 때문에 카메라에만 보이는 것만 집중하도록 합니다. 바위를 배치할 영역을 선택한 후 **Object Data Properties**로 이동하여 다음을 수행합니다.

1 + 기호를 클릭하여 새 Vertex Groups을 추가하고 이름을 Rocks로 지정합니다.

2 **Assign**을 클릭하여 선택한 면을 **Rocks** Vertex Groups에 할당합니다.

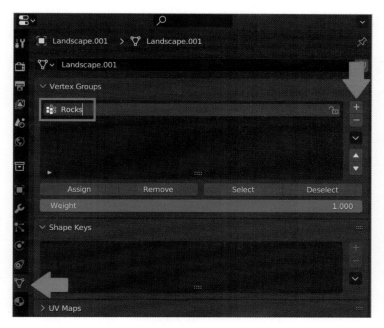

그림 12.12 – Vertex Groups에 Rocks 버텍스 할당

이제 지형의 선택된 버텍스가 Rocks Vertex Groups에 저장됩니다. 이를 사용하려면 Particle System 설정으로 돌아가겠습니다.

1 **Vertex Groups**까지 아래로 스크롤 합니다.

2 **Density** 탭을 클릭하면 우리가 만든 **Rocks** Vertex Groups을 찾을 수 있습니다.

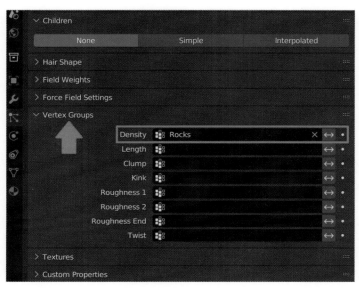

그림 12.13 – Rocks Vertex Groups에 Density 할당

이제 지형을 살펴보면 입자가 이 **Rocks** Vertex Groups에 집중되어 있음을 알 수 있습니다.

그림 12.14 – Rocks Vertex Groups 영역에 표시된 입자들

Weight Paint 사용하여 입자 분산

Weight Paint는 버텍스가 있는 객체에 **heat**(열, 히트) 맵을 만들 수 있는 브러시입니다. 히트 맵은 차갑고 뜨거움이 색으로 그라데이션되어 있습니다. 파란색(차가움)은 입자 분포가 없음을 나타내고 빨간색은 빨간색 영역에 입자가 100% 분포되었음을 의미합니다.

다음은 히트 맵의 예시입니다.

그림 12.15 – 히트 맵의 예시

Weight Paint는 입자를 퍼뜨리는 고급 방법을 제공합니다. 이제 **Weight** 값을 설정하여 특정 영역에 포함할 입자 수를 제어할 수 있습니다.

Weight Paint를 사용하여 입자를 더 잘 퍼뜨려 보겠습니다.

1 지형 객체를 선택합니다.

2 Object Mode를 Weight Paint로 전환합니다.

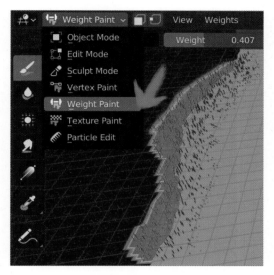

그림 12.16 – Object Mode에서 Weight Paint로 전환

이전에 할당한 Vertex Groups가 빨간색으로 강조 표시됩니다. 또한, 커서가 Weight Paint 브러시인 작은 빨간색 원으로 대체되었음을 알 수 있습니다.

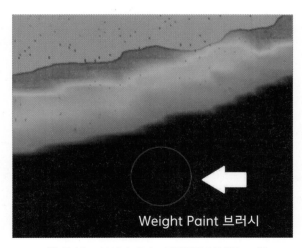

그림 12.17 – Weight Paint 브러시를 보여주는 그림

3 마우스 오른쪽 버튼으로 클릭하면 세 가지 설정에 접근하여 변경할 수 있습니다.

- **Weight:** 이 옵션을 사용하면 브러시 색상을 파란색(값 0.000)에서 변경할 수 있습니다. 빨간색으로(값 1.000) 부분을 칠하면 입자의 밀도가 높아집니다. 파란색으로 페인팅하면 칠해진 영역의 밀도가 낮아집니다.
- **Radius:** 이 옵션은 브러시 무게의 크기를 변경합니다.
- **Strength:** 적용 시 브러시의 강도를 결정합니다.

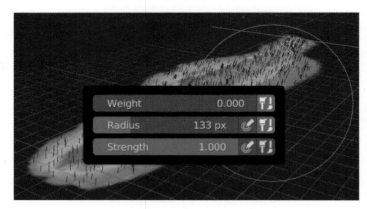

그림 12.18 – Weight Paint 브러시 옵션

앞에서 이미 할당한 버텍스들 가장자리에 페인팅을 시작합니다. 만들고 있는 히트 맵을 가능한 한 불규칙하게 만들겠습니다.

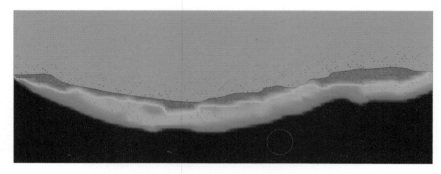

그림 12.19 – 지형에 Weight 페인팅하기

이렇게 하면 바위와 꽃이 무작위로 배포될 것입니다. 이제 입자를 Rock 객체로 교체해 보겠습니다.

입자를 바위 객체로 바꾸기

다음 단계는 Hair 입자를 바위 객체로 교체하는 것입니다. 그렇게 하려면 Particle Properties로 돌아가서 Render 탭으로 스크롤 한 다음 Render As를 Path → Object로 전환합니다.

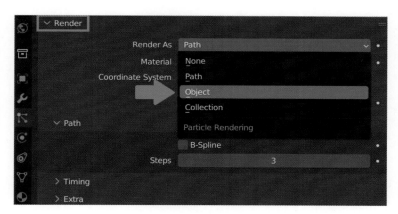

그림 12.20 – Render 방식을 Object로 전환

그러면 Object라는 새 탭이 표시됩니다. 그리고 Instance Object를 Rock 객체로 설정합니다.

1 객체의 Scale 값을 1.000으로 설정합니다. 기본적으로 0.050으로 설정되어 있습니다.

2 Scale Randomness를 1.000으로 높입니다.

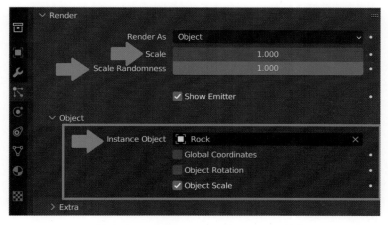

그림 12.21 – Instance Object를 Rock으로 설정

이제 우리가 만든 Vertex Groups 영역 전체에 바위가 흩어지게 됩니다.

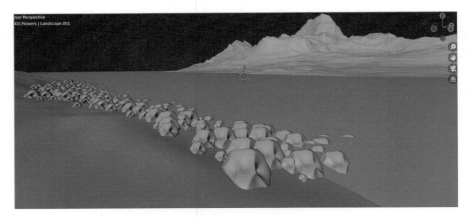

그림 12.22 – 환경에서 바위 흩뿌리기

다음 단계는 바위의 회전을 무작위화하는 것입니다. 지금까지는 모두 같은 방향을 향하고 있습니다. 회전을 변경하려면 Particle Properties 설정으로 돌아가서 다음 단계를 수행합니다.

1 위쪽의 **Rotation** 체크박스를 선택합니다.

2 **Orientation Axis**를 Global Z로 설정합니다.

3 **Randomize** 값을 1.000으로 늘립니다.

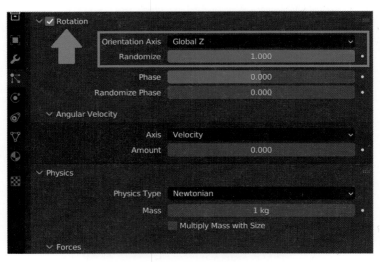

그림 12.23 – 바위의 방향 축 변경 및 값 무작위화

이렇게 하면 바위가 무작위로 배치되어 자연스럽게 보입니다.

그림 12.24 – 환경에서 바위의 모양과 규모를 임의로 지정

다음과 같이 Emission에서 Number 값을 변경하여 바위의 수를 제어할 수 있습니다. 필자는 500으로 설정했습니다.

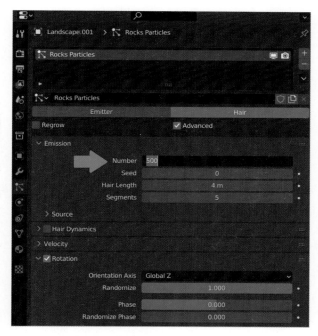
그림 12.25 – 바위 입자의 수를 500으로 설정

이제 꽃을 배치할 차례입니다.

| 지형에 꽃 흩뿌리기

이전 단계를 반복하여 지형에 꽃을 뿌려야 하는데 바위와 다르게 이번에는 여러 가지의 꽃들이 있습니다. 모든 꽃 객체에 대해 새 Particle System을 만들어야 할까요? 아닙니다. 더 좋은 방법으로 우리는 꽃을 콜렉션으로 뿌릴 것입니다.

바위와 꽃 등 모든 것을 콜렉션에 넣지 않고 하나의 Particle System만 사용하는 이유가 궁금할 수 있습니다. 왜냐면 바위와 꽃이 같은 특성이 아니라는 것입니다. 바위는 어떤 축에서든 회전할 수 있으며 심지어 뒤집어도 바위처럼 보입니다.

반면에 꽃은 바위와 같은 특성을 공유하지 않습니다. 꽃은 Z축에서만 회전할 수 있습니다. 이것이 우리가 꽃 객체를 콜렉션 안에 넣는 이유입니다.

콜렉션에 꽃 객체 포함시키기

Collection(콜렉션, 수집)은 블렌더가 장면을 구성하는 방식입니다. 콜렉션에는 장면의 객체 및 기타 모든 항목이 포함됩니다. 이를 사용하여 같은 특성을 가진 객체를 수집할 수 있습니다. 우리의 경우 꽃입니다.

앞으로 선택이 더 쉬워지고 장면이 정리된 상태로 유지됩니다.

블렌더 장면의 오른쪽에 있는 Outline에서 마우스 오른쪽 버튼을 클릭하고 New Collection을 선택하여 콜렉션을 만들수 있습니다.

그림 12.26 – Outline에 새 콜렉션 추가

콜렉션을 두 번 클릭하고 이름을 Flowers로 변경합니다.

그다음 옆에 있는 주황색 삼각형을 클릭하여 Flowers 콜렉션 내의 모든 꽃 객체를 드래그 선택합니다.

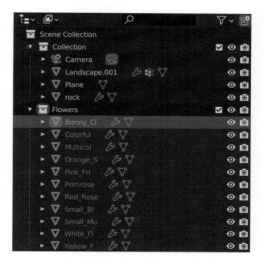

그림 12.27 – Flowers 콜렉션에 모든 꽃 배치

Flowers라는 콜렉션 안에 꽃들이 있으므로 Particle System으로 돌아가 보겠습니다. 우리가 만들 유일한 변경 사항은 Rendering 탭입니다. 꽃은 이제 객체가 아니라 콜렉션입니다.

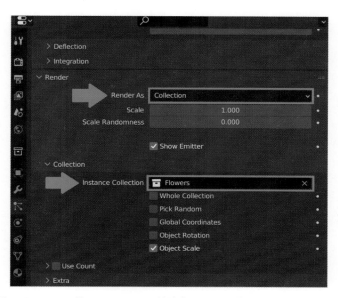

그림 12.28 – Render As를 Collection으로 설정하고 Flowers를 Instance Collection으로 선택

꽃이 지형에 뿌려졌을 때의 모습은 다음과 같습니다.

그림 12.29 – 조경 환경에서 바위와 꽃 표시

그래도 채워야 할 빈 영역이 있습니다. 우리는 컴퓨터 성능에 영향을 주지 않고 꽃을 복제할 방법을 찾아야 합니다.

┃한 번의 클릭으로 블렌더 성능 향상

장면을 더 자연스럽게 보이게 하려면 식물 입자의 수를 늘려야 합니다. 그러나 우리가 원하는 정도로 입자의 수를 늘리면 컴퓨터의 속도가 느려집니다. 블렌더가 멈추고 충돌이 발생할 수 있습니다. 이것은 블렌더에서 Particle System으로 작업할 때 꽤 흔한 문제이지만, 필자에게는 여러분을 위한 환상적인 해결법이 있습니다. 바로 Children 입자입니다.

블렌더 설명서에 따르면 Children 입자는 개별 입자에서 시작됩니다. 그것들은 미리 물리 계산된 적은 수의 입자로 작업하는 것을 가능하게 합니다. 간단히 말해서 Children 입자는 성능 저하 없이 필요한 계산 능력을 줄이기 위해 기존 입자의 복사본을 만듭니다. Children 입자를 사용하려면 Particle Properties으로 돌아가서 아래쪽의 Children으로 내려갑니다.

1 Children에서 유형을 Simple로 설정합니다.

2 Display Amount와 Render Amount를 모두 5로 맞춰줍니다.

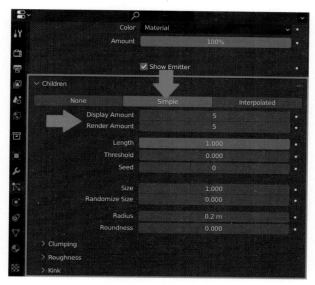

그림 12.30 - 유형을 Simple로 설정하고 Display와 Render Amount를 5로 설정

이제 성능에 영향을 주지 않고 꽃 입자를 여러 번 복제할 것입니다. 추가 설명을 하자면 Children 입자는 필요한 계산 능력을 줄이기 위해 기존 입자의 복사본을 만듭니다. 이것은 주요 꽃 입자의 객체 정보를 재사용합니다.

그림 12.31 - 지형 장면에서 분산 배치된 꽃과 바위의 최종 결과

이제 지형 장면에서 필요한 모든 필수 요소를 갖추었습니다.

┃ 요약

이 장을 마무리하겠습니다. 여기에서 설명하는 기본 **Particle System** 설정을 조정하고 다른 것과 함께 실험하면 이러한 객체의 수, 배율 및 회전을 제어하면서 환경에서 원하는 객체를 분산시킬 수 있었습니다.

이 장에서는 먼저 블렌더의 **Particle System** 옵션이 무엇인지, 왜 사용해야 하는지 알아보았으며, 블렌더의 **Particle System**을 사용하여 지형 환경에 꽃과 바위를 흩뿌리는 방법을 이해했습니다.

다음 장에서는 자연 지형 3D 장면의 최종 사실적인 렌더링을 생성할 수 있도록 렌더링, 카메라 설정 및 합성에 대해 배울 것입니다.

13장

지형 장면 마무리하기
- 조명, 렌더링 및 합성

:

이제 지형 장면을 만들었으므로 렌더링을 시도하고 싶을 것입니다. 이 장에서는 카메라를 조준하고, 장면을 렌더링하며, 몇 가지 합성 기술을 적용하는 방법을 배웁니다.

먼저 지형에 더 잘 맞도록 물 재질을 개선하는 등 지형 모양을 약간 조정한 다음 HDRI 맵을 사용하여 사실적인 조명을 설정하고 렌더링 및 합성에 들어갑니다.

이 장에서는 다음 주제를 다룹니다.

- 지형 모양 조정
- 물 재질 개선
- 장면에 사실적인 조명 설정
- 장면 렌더링
- 장면 합성

| 기술 요구 사항

이 장은 블렌더 버전 3.0 이상을 실행할 수 있는 Mac 또는 PC가 필요합니다. GitHub에서 이 장의 리소스를 다운로드할 수 있습니다.

https://github.com/PacktPublishing/3D-Environment-Design-with-Blender/tree/main/chapter-13

| 지형 모양 조정

우수한 렌더링 그림을 얻기 위해 배경의 빈 영역을 채우기 위해 조경 환경을 확장할 수 있다면 좋을 것입니다.

그림 13.1 – 배경의 공간이 비어있는 지형 장면

이 목표를 달성하기 위해 새로운 지형용 객체를 생성해 보겠습니다.(6장, **사실적인 지형 만들기**에서 이미 다뤘습니다.) 다른 결과를 얻으려면 지형 설정을 자유롭게 조정합니다. 일정하게 유지되어야 하는 한 가지 설정은 노이즈 유형입니다. 새로운 지형 노이즈 유형을 **Slick Rock** 으로 설정하여 첫 번째 지형과 호환되도록 합니다.

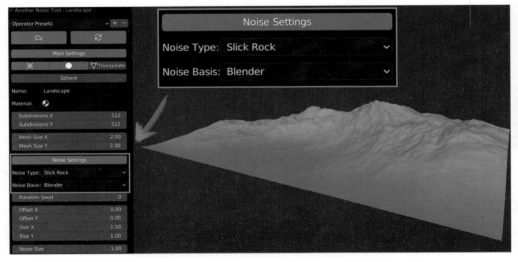

그림 13.2 – Noise Type을 Slick Rock, Noise Basis를 Blender로 변경

그런 다음 앞으로 이동시키고 다음과 같이 Z축에서 회전합니다.

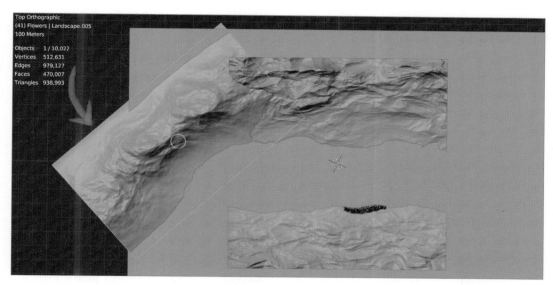

그림 13.3 – 뒤의 빈 곳을 채우기 위해 지형 복제

이제 우리는 환경이 완벽해지고 보기에 좋아 보인다는 것을 알 수 있습니다.

그림 13.4 – 뒤쪽에 배치된 더 세부적인 지형 장면

새 지형에는 할당된 재질이 없으므로 텍스처를 적용해 보겠습니다.

새 지형에 산 재질 할당

첫 번째 지형에 할당된 같은 산 재질을 두 번째 지형에 할당해야 합니다. 이를 위해 다음 단계를 따르도록 합니다.

1 새 지형을 선택합니다.

2 **Material Properties**로 이동해 보시면 재질이 비어 있습니다.

3 **Material** 저장소를 클릭하고 **Mountain** 재질을 선택합니다.

그림 13.5 – Mountain 재질을 두 번째 지형에 할당

이제 두 번째 지형은 첫 번째 지형과 연결된 것처럼 보입니다.

그림 13.6 – 두 번째 지형 텍스처링

이것은 우리가 환경에 적용하는 첫 번째 변경 사항이며 이제 지형 장면의 배경이 채워져 더 사실적으로 보일 것입니다. 다음으로 물 재질을 조정해 보겠습니다.

| 물 재질 개선하기

지금까지는 물 색깔이 푸르스름하고 사실적으로 보이지 않았습니다. 땅이 진흙이고 물은 반사하기 때문에 진흙 색도 있어야 하므로 물 재질에 약간의 조정을 해야 합니다.

그림 13.7 – 9장의 지형 장면으로 진행

물 재질을 조정하려면 먼저 ColorRamp 노드를 변경해야 합니다.

그림 13.8 – ColorRamp 노드 조정

처음 3개의 마커에 어두운색에서 밝은 크림색으로 그라데이션을 주도록 지정해 보겠습니다. 마지막 마커 색상은 백색입니다.

두 번째 변경 사항은 Mix Shader입니다. 혼합량을 0.1로 설정하여 물 투명도가 10%다 되도록 합니다(Transparent BSDF 노드에서).

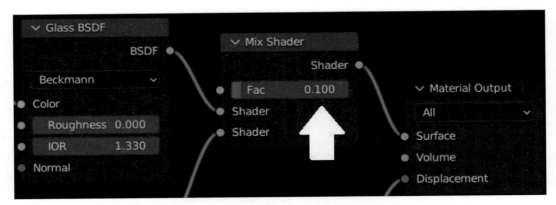

그림 13.9 – Mix shader의 Fac 값을 0.1로 줄이기

물 재질의 전체 노드 설정은 다음과 같습니다.

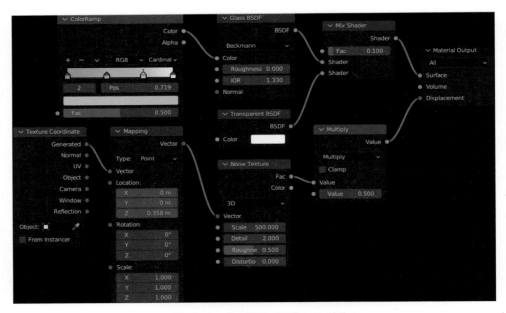

그림 13.10 – 물 재질의 새로운 노드 설정

변경 사항이 적용된 물은 이제 Rendered Preview 모드에서 다음과 같이 보입니다.

그림 13.11 – 신규 물 재질 렌더링

물은 지형의 탁한 색과 더 잘 어우러져 이제 이전보다 더 사실적으로 보입니다. 이제 HDRI 맵을 사용하여 장면에 사실적인 조명을 설정해 보겠습니다.

| 장면에 사실적인 조명 설정

장면에 사실적인 조명을 설정하기 위해 HDRI 맵을 사용합니다. HDRI 맵은 3D 장면에 조명을 비추고 블렌더에서 사실적인 결과를 얻는 가장 효율적이고 빠른 방법의 하나입니다. HDRI 맵은 일반적으로 정확한 조명 정보가 포함된 360° 파노라마 그림입니다.

장면에 HDRI 맵을 사용하여 시작하겠습니다. 그림 13.12에 표시된 것이 우리가 사용할 것으로, 태양 반사가 멋집니다. HDRI 맵을 사용하여 지형 장면에 빛을 방출하여 정확한 조명을 얻을 수 있으므로 보다 사실적인 3D 렌더링을 얻을 수 있습니다.

그림 13.12 - 장면을 밝게 하는 데 사용되는 HDRI 맵

다음 링크를 사용하여 HDRI 맵을 다운로드할 수 있습니다.
https://github.com/PacktPublishing/3D-Environment-Design-with-Blender/
blob/main/chapter-13/HDRI.zip

블렌더에서 HDRI 맵을 할당하고 조정하는 방법을 알아보려면 **5장, 사실적인 환경 조명 구현하기의 Sky Texture 노드를 사용하여 환경 조명** 부분을 참고할 수 있습니다. 조명이 설정되면 다음 단계는 지형 장면 렌더링을 시작하는 것입니다.

❙ 장면 렌더링

3D 디자이너가 될 때 배워야 할 중요한 측면 중 하나는 자신이 만든 장면의 전문가 수준 렌더링을 만드는 방법입니다. 그러나 장면을 렌더링하기 전에 장면에 카메라를 추가하고 특정 뷰포트에 배치해야 합니다.

장면에 카메라 추가

장면에 카메라를 추가하는 것은 간단합니다. 3D 뷰포트에서 Shift + A를 누르고 아래로 스크롤 하면 Camera 객체를 찾을 수 있습니다. Camera 객체를 추가하면 다음과 같이 장면에 나타납니다.

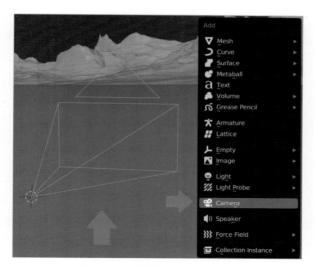

그림 13.13 – 장면에 Camera 객체 추가

다음으로 렌더링을 위해 카메라를 올바르게 배치해야 합니다. 이제 여기에 표시된 대로 지형, 물, 꽃, 바위 등 모든 것을 포함하는 3D 뷰포트의 한 지점으로 이동하여 최고의 장면을 찾아 보겠습니다.

그림 13.14 – 최고의 장면을 위해 카메라 위치시키기

이제 카메라가 이 장면을 바라보도록 합니다. 이 위치에 배치하려면 Ctrl + Alt + 0 을 눌러야 합니다. 현재 시점으로 카메라를 배치하면 다음과 같이 보이게 됩니다.

그림 13.15 – 현재 시점에서 카메라 배치하기

Frame 안에 있는 것이 렌더링된 그림에 포함될 것입니다.

카메라 보기를 종료하거나 돌아가려면 숫자 키패드에서 0 을 누르면 됩니다.

장면을 렌더링하기 전에 **Render Properties** 탭에서 렌더링 설정을 조정해 보겠습니다.

렌더링 엔진 변경

현실감을 극대화하려면 Cycles 렌더 엔진을 사용해야 합니다. 먼저 **Render Properties**에서 Render Engine을 Cycles로 설정하겠습니다.

블렌더의 렌더링 엔진 간의 차이점을 이해하려면 **5장, 사실적인 환경 조명 구현하기 부분의 블렌더의 세 가지 렌더 엔진 간의 차이점**을 참고합니다.

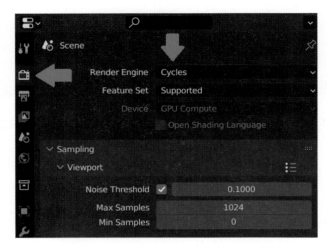

그림 13.16 – Render Engine을 Cycles로 전환

다음으로 렌더링 설정의 샘플 수를 조정해 보겠습니다.

올바른 샘플 수는 얼마일까요?

샘플은 최종 렌더링에서 각 픽셀에 대해 추적할 경로 수입니다. 더 많은 샘플을 수집할수록 최종 렌더링의 노이즈가 줄어들고 정확도가 높아지지만 완료하는 데 시간이 더 오래 걸립니다.

블렌더에서 렌더링 샘플을 제어하는 세 가지 방법을 제공합니다.

- Max Samples를 설정하면 해당 샘플 수에 도달 시 블렌더가 렌더링 과정을 중지합니다.
- Min Samples의 경우 블렌더는 렌더링 시 항상 최소 샘플 값을 렌더링합니다
- Time Limit의 경우 타이머를 설정할 수 있습니다(예: 5분). 이것은 블렌더가 5분의 시간제한에 도달할 때까지 그림을 계속 렌더링한다는 것을 의미합니다. 렌더링되는 샘플의 수는 설정이 얼마나 강력한지에 따라 달라집니다. 더 빠른 컴퓨터는 더 많은 샘플을 렌더링합니다.

더 많은 샘플을 사용할수록 렌더링된 그림이 더 선명해지지만 렌더링하는 데 더 오래 걸립니다.

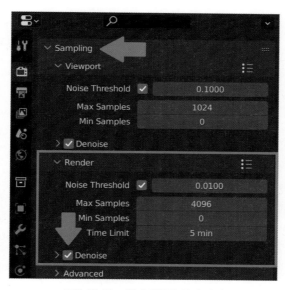

그림 13.17 – 렌더 샘플링 설정 변경

이번에는 Render 탭에서 Time Limit 값을 5분으로 설정하겠습니다. 시간제한은 특히 큰 애니메이션을 렌더링할 때 렌더링 시간을 제어하는 더 정확한 방법입니다. 렌더링 당 5분씩의 30초 길이 애니메이션일 때 초당 24 Frame 애니메이션은 정확히 60시간 동안 렌더링됩니다.(30초 × 24 Frame × 5분 = 3,600분 = 60시간) 또한, Denoise 상자가 선택되어 있는지 확인하여 노이즈 없이 선명한 최종 렌더링을 얻을 수 있습니다.

그러나 샘플이 너무 적으면 노이즈 제거가 제대로 작동하지 않으며 렌더링의 일부 영역에서 세부 정보가 손실될 수 있습니다.

렌더링된 그림 해상도 변경

렌더 그림 크기를 제어할 수 있습니다. 예를 들어 기본 설정은 X축에서 1,920픽셀, Y축에서 1,080픽셀입니다. 즉, 2K 그림 렌더라는 것을 의미합니다. 100% 값을 200%로 높여 4K로 변경하거나 1K 품질을 위해 50%로 낮출 수 있습니다.

렌더 그림 배율을 200%로 늘리면 픽셀 수가 제곱이 되므로 렌더 시간이 4배가 됩니다. 즉, 1,920 × 1,080 그림을 렌더링하는 데 5분이 걸리면 4K 그림을 렌더링하는 데 20분이 걸립니다.

그림 13.18 – 2K와 4K 해상도의 차이

렌더링 해상도를 변경하려면 Output 속성으로 이동하고 Format 탭에서 Resolution X 및 Y와 100%로 설정된 백분율을 찾을 수 있습니다.

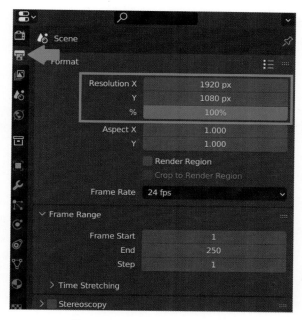

그림 13.19 – 렌더링된 그림 해상도 변경

지형 장면 렌더링

상단 표시줄의 Render 탭으로 이동하여 장면을 렌더링해 보겠습니다. F12를 사용하여
Render Image를 실행할 수 있습니다.

그림 13.20 – 카메라 시점에서 렌더링하기

즉시 새 창이 나타나며 렌더링이 완료될 때까지 점점 더 선명해지고 있음을 보여줍니다. 완료되면 Image로 이동하여 다른 Save As..를 클릭합니다. 그림을 저장하려는 위치를 지정하면 렌더링된 그림을 컴퓨터에 저장할 수 있습니다.

그림 13.21 – 렌더링된 그림 저장하기

다음은 저장된 그림을 보여줍니다.

그림 13.22 – 저장된 프로젝트의 렌더링 그림

이제 장면을 렌더링했으므로 다음 단계는 장면을 돋보이게 만드는 합성 작업입니다.

| 장면 합성

합성을 통해 최종 렌더링에 놀라운 효과를 추가하여 더욱 사실적으로 보이게 할 수 있습니다. 렌더의 분위기를 변경하여 차갑고 푸르스름한 모양이나 따뜻하고 화창한 느낌을 줄 수 있습니다.

합성으로 전환하려면 장면을 이미 렌더링했는지 확인해야 합니다. 그렇지 않으면 Compositing(합성) 탭에서 작업할 입력된 그림이 없게 됩니다. 블렌더 화면의 맨 위에는 많은 탭이 있습니다. Compositing으로 이동하여 Use Nodes 상자를 선택합니다.

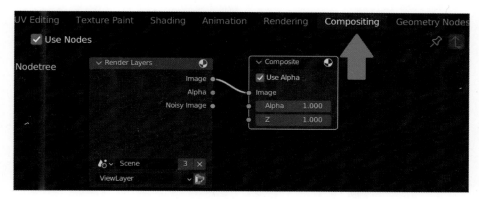

그림 13.23 – Compositing 탭으로 전환하기

백그라운드에서 렌더링을 보려면 Shift + A 를 누르고 Viewer 노드를 검색합니다. Render Layers Image 슬롯을 Viewer 노드의 Image 슬롯에 연결합니다. 이렇게 하면 배경에 렌더링이 표시되는 것을 볼 수 있습니다.

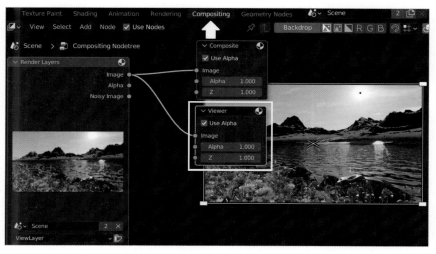

그림 13.24 – Compositing 설정에서 Viewer 노드 추가

첫 번째 합성 효과인 Color Balance부터 시작하겠습니다.

Color Balance 노드 사용

Color Balance 노드는 렌더링의 색상과 값을 조정하며 선택한 색상에 따라 최종 렌더링에 다른 느낌을 줄 수 있습니다. [Shift] + [A]를 누르고 Color Balance 노드를 추가합니다. Render Layers 노드와 Composite 및 Viewer 노드 사이에 배치합니다.

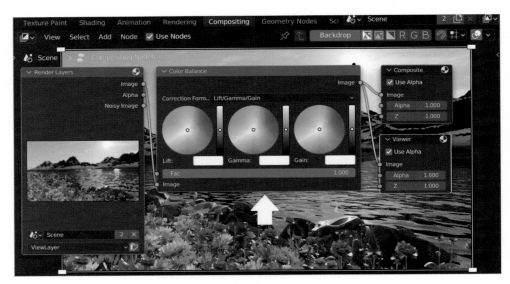

그림 13.25 – Compositing 설정에서 Color Balance 노드 추가

이제 Color Balance 노드에서 마지막 Gain의 색상을 파란색으로 변경해 보겠습니다. 이렇게 하면 장면에서 파란색의 차가운 느낌을 들게 됩니다.

그림 13.26 – 렌더링의 전체 색상을 파란색으로 변경

반대로 Color Balance 노드에서 Gain을 빨간색으로 변경하면 장면이 따뜻한 느낌을 줍니다.

그림 13.27 – 렌더에 따뜻한 느낌을 주기

렌더링에 두 번째 합성 효과인 Glare를 추가해 보겠습니다.

렌더링에 Glare 추가

Glare 노드는 태양이나 그림의 밝은 빛과 같이 노출된 부분 주위에 눈부심을 위한 렌즈 플레어를 추가하는 데 사용됩니다. Glare 노드를 추가하려면 Shift + A 를 누릅니다.

1 Render Layers와 Color Balance 노드 사이에 Glare 노드를 놓습니다.

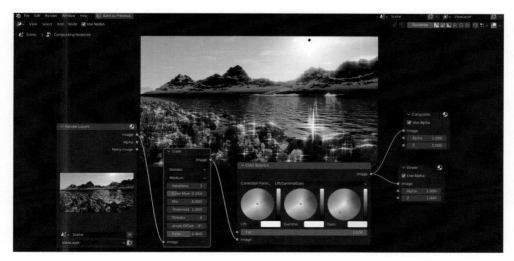

그림 13.28 – Streaks로 설정된 Glare 합성 노드

즉시 렌더링에서 멋지게 빛이 반사되는 모습을 볼 수 있습니다. 우리의 경우에는 Glow를 사용하겠습니다.

2. Glare 유형을 Streaks에서 Fog Glow로 변경합니다.

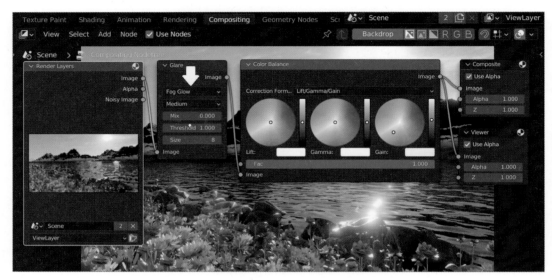

그림 13.29 – Fog Glow로 설정된 Glare 합성 노드

3. 렌더에서 원하는 밝기에 따라 Size 값을 8 또는 9로 늘려 눈부심의 양을 제어할 수 있습니다.

그림 13.30 – Compositing 설정에서 렌더링된 그림에 Glare 노드 적용

이제 지형 렌더의 최종 결과가 완성되었습니다.

┃ 요약

이 책을 끝까지 읽어 주셔서 감사합니다. 이 책을 통해 여러분이 블렌더로 사실적인 3D 환경을 만들기 위해 찾고 있던 정보가 되었기를 바랍니다.

이번 마지막 장에서 우리는 블렌더로 사실적인 지형 렌더링을 만드는 최종 목표를 달성했습니다. 우리는 물 재질과 지형 모양에 약간의 최종 조정을 적용하여 렌더링할 때 눈에 더 보기 좋게 보이도록 했습니다.

또한, 장면에 카메라를 추가하는 방법과 카메라를 올바른 위치에 배치하여 지형 장면을 잘 포착하는 방법도 배웠습니다. 그런 다음 장면을 렌더링하고 렌더링된 그림을 저장하는 방법을 배웠습니다.

그런 다음 렌더링의 분위기에 영향을 미치고 눈에 띄게 만들기 위해 눈부심 및 색상 균형과 같은 몇 가지 합성 요령을 렌더링에 적용했습니다. 우리는 아무것도 없는 상태에서 시작해서 이 멋지고 사실적인 지형 렌더링을 만들기 위해 끝까지 해냈습니다. 이 얼마나 놀라운 일입니까?

첫 번째 시도에서 훌륭하고 현실적인 결과를 얻지 못할 수도 있지만 그래도 괜찮습니다. 잘 안되었다고 해서 낙담하지 않으셔도 됩니다. 여러분들에게 드리고 싶은 조언은 계속 반복하시라는 것입니다. 사실주의는 기술이며 모든 기술을 숙달하려면 반복이 필요합니다.

지형 장면을 다시 만들고, 조정하고, 설정을 다르게 하고, 새로운 것을 시도해 보세요. 이를 통해 블렌더가 일반적으로 어떻게 작동하는지 더 잘 이해할 수 있을 겁니다. 물론 3D 사실주의 세계로의 여정은 이제 막 시작되었으며 그 과정에서 더 많은 놀라운 프로젝트를 만들게 될 것입니다. 그리고 언젠가는 여러분들의 창작물을 전 세계 사람들이 보고 있을지도 모릅니다.

여기까지 저와 함께해 주셔서 감사합니다.
여러분들의 친구 압델릴라 함다니가.
안녕히.

한글(ㄱ~ㅎ)

광택 ·························· 37
노드 ·························· 35
노멀 ·························· 40
렌더링 엔진 ·················· 99
마스크 ······················ 191
맵핑 ························· 60
방사체 ······················ 91
버텍스 ······················ 76
변위 ························· 42
샘플 ························· 107
세분화 ······················ 70
소실점 ······················ 19
알파 ························· 239
언랩 ························· 56
언랩핑 ······················ 56
역장 ························· 91
오픈 소스 ···················· 19
입자 ························· 90
지오메트리 ·················· 70
채널 ························· 34
척도 ························· 16
켈빈 ························· 104
콜렉션 ······················ 262
텍스처링 ···················· 33

영어(A~Z)

A.N.T. ······················ 123
Alpha Over ················· 110
Altitude ··················· 113
Base Color ················· 34
Bevel Modifier ············· 28
Blackbody ·················· 105
Bridge Edge Loops ·········· 140
Bump ······················· 54
Children ··················· 264
Collection ················· 262
Color Balance ·············· 282
ColorRamp ·················· 50
Compositing ················ 108

Cycles ····················· 100
Deformation ················ 206
Denoise ···················· 100
Displace Modifier ·········· 70
Displacement ··············· 42
Eevee ······················ 99
Elevation ·················· 113
Emitter ···················· 91
Export UV Layout ··········· 61
Extrude ···················· 27
Factor ····················· 48
Fog Glow ··················· 284
Force Field ················ 91
Fractal Noise ·············· 164
Frame Rate ················· 157
fSpy ······················· 19
Geometry ··················· 130
Glare ······················ 283
Glass BSDF ················· 145
HDRI ······················· 116
Height ····················· 42
Hex ························· 149
Imperial ··················· 18
Instance Object ············ 92
Intensity ·················· 113
Interpolation ·············· 133
IOR ························· 146
Kelvin ····················· 104
Keyframes ·················· 155
Landscape ·················· 125
Light Paths ················ 100
Mapping ···················· 44
Mark Seam ·················· 60
Material Preview ··········· 36
Materials Properties ······· 58
Metric ····················· 18
Mix ························· 48
Mix Shader ················· 147
Multiply ··················· 167
Musgrave Texture ··········· 45
Node Wrangler ·············· 134

Noise Texture ·············· 47
Normal Map ················· 40
Orientation Axis ··········· 92
Particle ··················· 90
PBR ························· 31
Principled BSDF ············ 33
Project from View ·········· 82
Proportional Editing ······· 76
Rendered ··················· 101
Rigid Body ················· 18
Rock Generator ············· 204
Roughness ·················· 37
Scale Randomness ·········· 94
Segment ···················· 29
Separate XYZ ··············· 131
Shade Smooth ··············· 29
Shader Editor ·············· 35
Show Overlay ··············· 138
Sky Texture ················ 111
Smart UV Project ··········· 66
Statistics ················· 138
Streaks ···················· 284
Subdivide ·················· 70
Subdivision modifier ······· 80
Temperature ················ 106
Texture Coordinate ········· 44
Timeline ··················· 154
Transparent ················ 112
Transparent BSDF ·········· 147
unit System ················ 12
Unwrap ····················· 61
Unwrapping ················· 56
UV mapping ················· 60
vanishing points ··········· 19
Vertex Groups ·············· 254
Weight Paint ··············· 256
Wireframe ·················· 138
Workbench ·················· 99

블렌더로 만드는
3D 환경 디자인

1판 1쇄 발행   2023년 12월 15일

저   자 | Abdelilah Hamdani
역   자 | 최도원
발 행 인 | 김길수
발 행 처 | ㈜영진닷컴
주   소 | (우)08507 서울특별시 금천구 가산디지털1로 128
　　　　　　 STX–V타워 4층 401호
등   록 | 2007. 4. 27. 제16-4189호

©2023. ㈜영진닷컴

ISBN | 978-89-314-6984-4